新零售，谁将被革命？

吴晓波频道◎编著

中国友谊出版公司

目录

下篇　产业观察

谁在发动革命，谁将被革命

吴晓波（著名财经作家）

人类物质文明进步的内在动力是什么呢？哲学家黑格尔曾经说过这样一句话："进步的动力叫作自我实现。"人和动物最大的区别在于：动物吃饱、喝足了躺在那儿一动不动；人吃饱、喝足了则要不停地折腾来进行自我实现。虽然我们对于新零售的概念存在不少争议，但也恰好说明了我们在不断进步、不断地自我实现。

经济学家说经济成长的动力是技术革命。从钻木取火、印刷术、蒸汽机、计算机，到如今的人工智能，这些技术让人类不断地进行自我进步和自我实现；国务院原总理温家宝同志说过，动力是获得信心，信心比黄金更重要；而我要说：推动进步的是恐惧。恐惧是一个很好的生产力，能够让我们改变现状。

一、为什么新零售是由互联网人提出来的?

对于新零售，人们从不同的行业、不同的领域、不同的角度，有着不同的看法，这就好比 1000 个人眼里就有 1000 个哈姆雷特一样。下面，我将分别从互联网人、零售商、制造商的角度来介绍他们在新零售这场战争中扮演的是什么角色。

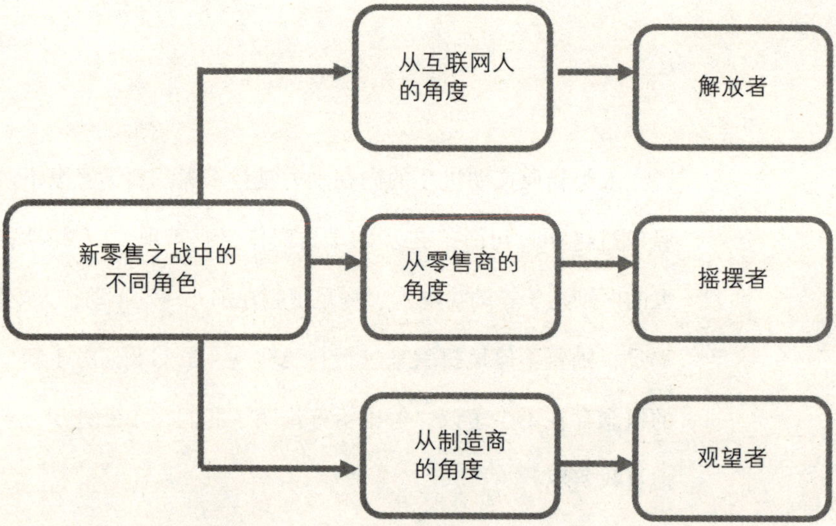

① 从互联网人的角度：解放者

纵观大家对于新零售的讨论，我觉得有一个问题是我们对拥抱新零售产生争议的最大原因。这个问题是：为什么“新零售”这个名词不是由零售业的人提出来的，而是由互联网人提出来的？

记得20多年前，雅虎的杨致远第一次登上《商业周刊》封面，那时的中国刚刚开始有互联网。当我看到杨致远光着脚坐在沙发里的照片，首先映入我脑海里的一句话就是："光着脚不怕穿鞋的。"在这场新零售的革命中，互联网人犹如当年的杨致远——没有什么东西是可以失去的。所以，互联网人在新零售这场战争中扮演的角色是：解放者。他们以解放者的姿态，"光着一双脚"跑进了新零售的战场，见鬼杀鬼、见佛杀佛。事实上，互联网人这样的姿态并不是今天才有的，而是已经延续了20年。

在互联网人的思维里，凡是没有上网的都是落后的，都是需要被拯救的。20年来，互联网人首先改变了人和信息的关系，推出了新闻门户、邮箱、QQ；其次改变了人和商品的关系，推出了淘宝、京东；十年前出现了O2O，改变了人和商品的关系；六年前出现了P2P，现在叫FinTech，改变了人和钱的关系。

互联网发展到今天，虚拟世界的成本已经变得越来越高。如今在淘宝、京东上，一个新增用户的成本是100元。从投资的角度来看，对一种和电商有关的产品进行估值时，要参考它有多少产生过购买行为的注册用户。只要有一个购买过的用户，这个人在投资者眼中就值150~200元。这样的成本是很高的。

所以，当线上流量逐渐开始枯竭时，马云就把战线拉到线下，到线下去抢流量。当然，作为互联网人的马云到线下抢流量所用的方式，肯定不是传统的百货、超市的方式，而是用新的方式。归纳起来，马云在线下抢流量所用的方式主要有以下两个：

一是支付。阿里在过去的几年里，带给金融行业最大的冲击就是解决了支付入口。可以肯定地说，在中国支付战争这一仗已经彻底打完了。阿里带着“支付”所形成的力量跑到线下，和新零售有着天然的交集，因为我们买任何产品都需要完成支付行为。

二是新技术。最近这两年里涌现出了许多新技术。比如，大数据、刷脸技术、语音互动技术……所有的技术最容易寻找到的交互场景就是卖场。在金融领域里所形成的核武器——移动支付，加上正在迭代发展的种种适合新技术，成了互联网人手上的两把冲锋枪，他们因此在新零售战场上所向披靡、战无不胜。

基于以上原因，新零售的提出者不是零售业的人，而是互联网人。

② 从零售商的角度：摇摆者

既然“新零售”的提出者不是零售业的人，那么，零售业的人在这场战争中扮演的是什么角色呢？

在现实中，我发现一个挺有意思的现象：很多零售业的人在说到新零售时，心里是摇摆的：一方面很感谢互联网人，另一方面又感到恐惧。

为什么零售业的人会感谢互联网人呢？这是因为无论是互联网人谈零售还是零售人谈零售，零售其实就是三样东西：人、货、场。

人、货、场在过去的很多年里一直处于弱势，上海有很多非常有名的商场现在都已经倒闭了。最近这几年还有谁敢去投资地面连锁店？我想大家都不敢轻易迈出这一步。但有一件事是值得关注的，那就是互联网人提出的想法能够提高用户的复购率、商品的品质和卖场的人气。比如，大数据、用户关系的重建、刷脸技术、移动支付能力，能够帮助我们改变卖场的核心能力，这些都是非常好的东西，是值得感谢的。

那为何零售业的人会感到恐惧呢？因为过去的20年里，全球互联网发展的经验是：互联网人用开放的姿态形成了绝对的垄断。比如，当互联“干掉”信息，改变人和信息的关系时，中国很多的报纸和杂志都不见了；电商火起来的时候，很多鸡毛小店都不见了；O2O起来的时候，中国很多的票务公司、服务公司都不见了。

这些事情不仅仅发生在中国。2016年，亚马逊在整个北美地区的电商销售比例达到35%；Facebook占到北美地区所有社交网络流量的87%。互联网天然具有的环境通吃优势，让零售业的人感到恐惧。

几乎所有的零售业从业者都在担心，在信息业、制造业、服务业、金融业所出现的事情，未来会不会出现在零售业？当年那些光着脚的解放者在今天看来，已经成为非常庞大的寡头。

截至2017年10月，在全球250多家市值10亿美金以上的独角兽企业里，美国有120多家。这里面有90%是和美国的五大公司（苹果、微软、Facebook、谷歌、亚马逊）有关。中国有98家独角兽企业，其中80%和BAT有关。正在成长的独角兽企业已经被这些寡头所垄断了。基于这个原因，零售业的人难免会恐惧：如果我们拥抱了新零售，两三年之后或许会出现一个巨人寡头来垄断我们自己。

③ 从制造商的角度：观望者

中国的制造商已经郁闷了好多年。制造商的春天是在20世纪80年代初到

90 年代中期。那时的中国处在短缺经济时代，制造商只要能够生产出合格的商品，有适当的价格，能够做好营销，就能赚钱。那是中国制造商的黄金时间。

度过黄金时间的中国制造商不再如此火爆。第一个让他们不开心的就是零售业。国美和苏宁的出现，把制造商和消费者中间彻底隔断掉了，统一了市场。第二个让制造商不开心的是淘宝、京东等电商的出现。电商不仅阻断了线下和线上的流量，还颠覆了定价能力、渠道能力。这时，制造商的利润开始变得像刀片一样薄。

二、新零售的转型是一场长期的战争

如今，新零售让我们变得很矛盾。一方面，新零售确实能够帮我们赚更多的钱，卖更多的货，这是值得高兴的事；另一方面，我们害怕在经历了这场变革之后，最后主导权不在自己手上。如果这样的话，市场规模即使再大，最重要的渠道和定价权却在别人手上，那么我们为何要拥抱新零售，为何要发动这场革命？还不如原地踏步走得稳健一些。

虽然新零售和人、货、场都有关系，但各家的心态却是不一样的。自 2016 年 10 月 12 号马云在云栖大会上提出新零售后，关于新零售的讨论已经超过了 1 年的时间。可是，迄今仍没有人找到新零售的终极模式。事实上，任何变化都是一个漫长的过程。比如，1998 年，门户网站并没有成为我们获取信息的终极模式，后来有了 QQ 空间、微博、博客、微信。

新零售在不断地迭代，新零售的转型是一场长期的战争。对我们来说，这场战争刚刚开始，需要 3~5 年才能够有一个基本模型，10~15 年才能定形。

如今，到处弥漫着讨论阿里和马云的声音，支持的、反对的都有。我认为，不管是阿里，还是马云，他们都是值得我们尊敬的。因为他们在不断地变革。仅仅在 2016 年里，马云在各种各样的卖场形态做试验，比如收购银泰，在大型的百货店里面尝试一种模型；再比如阿里投资了永辉的超级物种来进行试验，还做了盒马鲜生。

虽然马云做的这些都颇受争议，但事实上，他根本就不怕争议。当你还在讨论新零售时，马云已经被提了无数次。阿里的反应速度非常快，Amazon go 出现仅两个月后，阿里的无人店就出现了。阿里还投资了肯德基进行刷脸支付。虽然这些新零售的试验至今还没有一个取得成功，但成功已然在路上了。

新零售的战争才刚刚开始，对于未来的赢家，我们谁也不知道。

三、新零售的突破口实验

当然，关于新零售的实验也不只是阿里一家在做。比如下图中的严选模式和小米＋美好的店是互联网人做的；名创优品＋果蔬好、言几又＋诚品＋MUJI、闪购 +BOX 是零售商做的；红领＋尚品宅配、饭爷＋猫王收音机、海尔洗衣机＋智能音响则是制造商做的。每一家的做法都不一样。即便同样是做互联网，同样是希望通过流量来变现的，其做法也各有千秋。

以小米为例。小米近两年的表现可谓教科书式的案例。原因在于雷军敢于勇敢地突破自我。2011 年乔布斯去世之后，雷军创立了小米手机。当小米手机最初出现在市场的时候，雷军给出的关键词是：专注、极致、口碑、粉丝经济。两年后，当小米手机卖到 1000 万台时，雷军提出要做生态型企业，通过手机把家里的净水器、空调、洗衣机、冰箱、电饭煲、插座等全部连接在一起。如果雷军仅靠专注、极致、口碑的话，是无法完成产品闭环的。消费者把手机买回去是希望手机的待机时间长一点、界内交互灵活一点、拍出来的照片漂亮一点，这和“专注、极致、口碑”没有任何关系，消费者要的是好产品。小米要做一家生态链企业，集中在生态链内部的是小米品质控制系统，它通过资本和底部生产端结合在一起，然后进行技术共享、用户共享、品质共享、渠道共享。

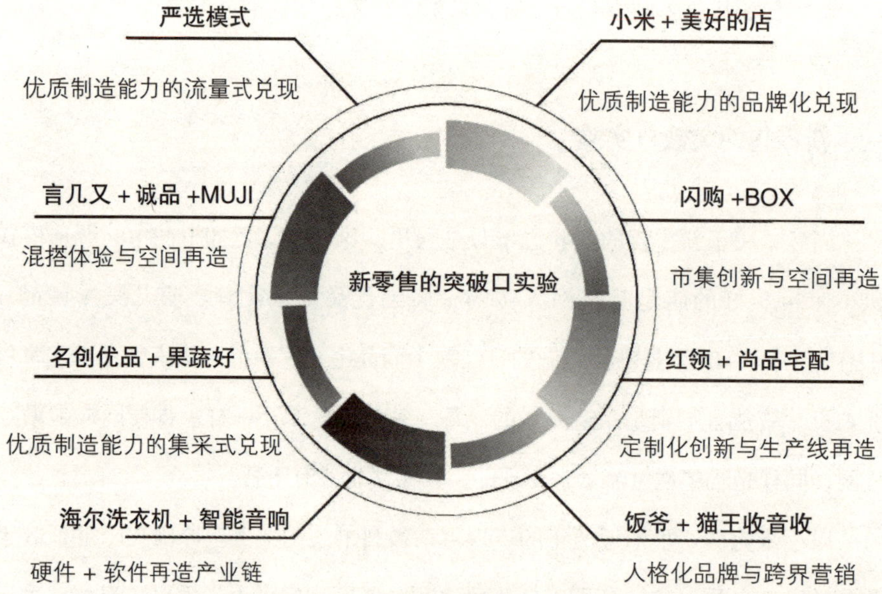

我认为，未来中国的产业升级，在需求端就是一件事：迎合大规模崛起的中产阶层。在需求端，认同品质感的人群开始出现；在供给端，无数年轻人开始创业。我们没有机会再去做类似新浪、阿里巴巴、京东、携程这样的企业。如今的我们只剩下一个机会：好好做一件衬衫，好好做一个杯子，好好做一个旅行社。回到细小的门类中，以工匠的精神扎根下去，以工匠的精神做到全国前三，这样就成功了。小米扶持的很多公司都是这样的做法。

再比如名创优品。名创优品的有些做法和网易严选有些类似，都是沿海地区外贸公司的能力释放。与网易严选不一样的是，名创优品不是靠线上流量变现，而是在做一个有着优质制造能力的集采模型。通俗地说，就是去掉制造工厂的所有中间环节，打造一个终端店。工厂只需专注于制作高品质商品，名创优品负责销售。这是制造业的模型。

除了制造业模型，一些品牌把线下空间变成一种体验性的空间模型，然后把各种各样商品进行混搭。在混搭的商品里，有一个非常重要的商品：书。对于书店，我是非常有发言权的。我曾在西湖边的百货大楼开过书店。当时，百货大楼的董事长给了我 200 平方米的地方，而且是免租金的。我对团队说，如果房租都免了我们仍然做不好，那就是傻瓜了。不幸的是，真的被我言中了，我失败了，亏了 200 万。但如今，我看到，通过混搭，一个不太景气的图书行业变得性感起来。比如，前两天，我在做节目时，认识了一位在上海做服装公司的女士，她认为要打造品质生活，书是最好的介质，于是她把书店开进了服装店里。还有大的购物中心和购物空间出现的散购模型，或集市模型。杭州有一个 ADM 展，就是通过散购的大型市集的模型。

如今，不管是制造业还是零售业都在进行变革。比如，很多人在做的智能冰箱，他们的路径是硬件、软件。两年前，我去海尔，海尔电冰箱的生产部门告诉我，张瑞敏给他们提了两个要求：一是冰箱能没有压缩机；二是冰箱不能仅仅是放些鱼、鸡蛋之类。如果海尔的这两个问题实现了，将是对冰箱的一次彻底革命。

或许，你会发现，中国制造业、金融业、服务业的变革最后都聚焦到新零售上。

既然有如此多的人都在奔向新零售，那么哪家能够最终统领天下呢？在新零售这一战役中，互联网人是否会重新上演20年来的伟大成就，以开放的姿态形成绝对的垄断？我们谁也不知道。但我认为，互联网人获得成功的概率超过50%。这50%并不是说互联网人会占全社会消费品零售总量的50%，而是说他们会获得所有生意50%的净利润。这是非常可怕的一件事情。如果按照马云说的“未来没有网商”的话，那么未来也就没有所谓的电商和地面零售商了。阿里在做的卖场创新模式的试验，其本质就是把线上线下打穿了。

新零售的战役打到现在，孰是孰非，孰输孰赢，没有答案。

四、零售的“人”、“货”、“场”发生了变化

零售行业为何突然备受关注？究其原因，是因为这个行业在人、货、场上都发生了变化。

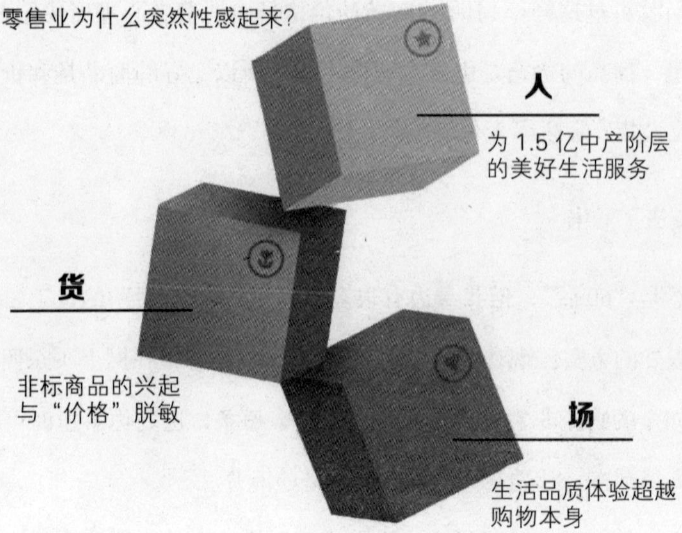

①“人”发生了变化

首先是“人”的变化。2015年，在人人都认为自己是“D丝”的年代里，我在吴晓波频道里提出了“反对D丝文化”这一观念。在发稿之前，主编和我说：得D丝者得天下，发出去就要与天下为敌。当时的我毅然把这篇文章发了出来。如今两年过去了，谁还敢说自己是一个“D丝”？这就是变化，人开始改变了。

②“货”发生了变化

如今在制造业领域，最让我们兴奋的有两种商品：一是非标品，通俗地说，就是非标准生产的商品；二是不以成本为定价模型的商品。事实上，在很多年前，凯恩斯就讲过这样一句话："商品的价格是由消费者心理所决定的。"而在传统零售里，商品的价格是由成本所决定的。所以，好的商品是和价格、成本脱敏。这是"货"发生了变化。

③"场"发生了变化

我虽然是"60后"，但我身边有很多"80后"、"90后"的员工。我想告诉大家一个惨烈的事实：现在"90后"、"95后"基本都是在网上买东西。为什么呢？因为如今的物流非常快，你买的小龙虾、薯条，送到你手里时可能还是热的。中国人很勤奋，既勤奋地生产，也勤奋地消费。

我发现，如今所有的百货店、零售店都和体验有关。我们为什么要到实体店里买东西呢？如今有三种店：第一种是便利店，下了楼就是，买了就走，但便利店的东西通常很贵；第二种是超市，东西多，几万个SKU；第三个是购物中心，到购物中心购物只为了一件事——体验。这三种业态存在理由是不一样的，目的就是为了满足不同的需求。

"场"的变化发生了，体验会变得越来越重要。我不太认同"零售就是卖东西"的观点。零售卖的东西有两个，这就好比我们有两个账户一样，一个叫作银行账户，一个叫作心理账户。我们到一个地方去买东西，事实上也是在买两个东西：一是买商品本身；二是买我们对商品的理解。

人对生活的理解本身是可以被贩卖的，这就是所谓的贩卖生活方式。如果你仅仅认为所有卖场就是为了卖商品，那是不成立的。如果要成立的话，那一件西装就不可能卖5万块钱。它之所以值5万块钱，是因为它叫乔治·阿玛尼。

“场”和人的软性需求有关系。以前，我们由于经济条件有限，忽视体验的重要性，只要解决温饱即可。如今我们的生活条件得到了质的飞跃，“场”也就变得越来越重要了。

既然“人”、“货”、“场”都发生了变化，那么谁会是赢家呢？事实上，互联网人、零售商和制造商各有优势。互联网公司有支付、流量、资本的优势；零售商有空间、有对消费者理解，还有用户和运营的优势；制造商有产品、用户。

“人”、“货”、“场”三者的身份还有可能产生互换。比如，严选收音机的量足够大的话，可以直接收掉一家收音机厂，变成制造商。现在是一个完全混沌的状况，我们需要保持极大的警惕和勇气。我认为，当你赢得这一场新零售战争时，你是互联网人，还是一个百货零售商，抑或是制造商，已经不重要了。所谓英雄不问出处，说得大抵就是这个意思。

五、决胜新零售的四大要素

如今，整个行业的边界已经被打穿。如果你要赢得新零售之战，就必须在某些要素上获得成功。那么，决胜新零售有哪些决定性要素呢？

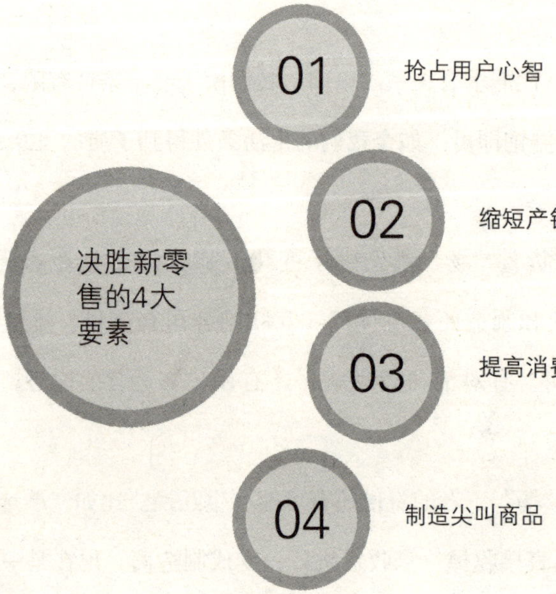

决胜新零售的四大要素

① 要素一：抢占用户心智

如今是一个信息泛滥的时代，产品同质化严重。要解决这一痛点，核心在于发生技术革命。技术革命是致命的。技术革命发生的时候不需要做品牌和传播，它能直接帮你决胜。比如，海尔冰箱真的做出一个没有压缩机的冰箱，它不需要做传播，就能打赢所有的冰箱品牌；如果中国有一家公司能做出第一辆无人驾驶汽车，它同样不需要做传播，消费者会蜂拥购买。

虽然技术革命对于新零售的帮助是巨大的，但如今绝大多数行业的技术革命都停滞不前，产业处于空窗期，这时我们应该如何做呢？答案是抢占用户心智。盒马鲜生为什么能被讨论无数次，这是因为它抢占了用户的心智。

关于抢占用户心智，我国有一个典范——脑白金。请大家试想一下，你是否能马上说出那句“今年过节不送礼，送礼就送脑白金”的广告词。这样的广告词，造就了我们在思考送什么礼物时，首先会想到脑白金。这就是我们的心智被脑白金抢占了。

如今，绝大多数的商品功能几乎类似，已经失去了技术迭代的过程，它们之间的差别非常细微。那么你如何在复杂的信息过渡中抢占用户心智就是一个关键要素，是打赢新零售之战的核心要素。

② 要素二：缩短产销路径

我投资过一个企业，名字叫“认养一头牛”。这家企业的老板花了 4 亿人民币在河北衡水圈了一块地养从澳大利亚引进的最好的牛，伊利、光明都请他代工。我之所以投资他，是因为他能把高质量的牛奶，不经过伊利、蒙牛和光明代工，同样的质量，价格便宜 20%，直接送到人们的餐桌上。

如今，“认养一头牛”有十几万用户，2017 年 9 月份的销售额达到 1000 万。他的发展如此迅速，就是因为他把牧场到中间的环节全部拿掉，缩短了产销路径，直接让牛奶到了人们的餐桌上。在这个过程中，他采用的是互联网公司管理，销售额和毛利要考虑，但更要考虑的是获客成本和复购率。这样的模式是适合“认养一头牛”的，因为它的产品是牛奶，是刚需产品。

对于其他零售行业，比如服装、席梦思、汽车，这种模式实际上是困难的。因为我们不可能每个礼拜都买一张席梦思床垫，不可能每半个月都去换一辆汽车，这时如果我们要决胜新零售，就要在产销渠道上形成自己的创新。

③ 要素三：提高消费复购

如果“未来没有网商，只有新零售”的说法是对的，那么我认为另外一句话也是对的，那就是：“任何一个和互联网工具没有关系的公司全部都是旧零售。”无论你是家门口的夫妻小店，还是 Shopping Mall，如果用户关系还是原来意义上的，所有的用户关系没有被管理起来的话，都是旧零售。

为什么这样说呢？因为我们永远不知道消费者在哪里。当消费者管理没有办法进行，所有的零售公司都会变成以技术驱动的产品公司，这对我们来说是致命的，这就涉及基因再造的问题。

我是做内容出身的，我的出版公司做了 13 年，新媒体公司做了 3 年，在业界算是成功的。但到今天我还不是一个“新世界”的人，因为我对读者没有形成互动关系，还没有形成这样的工具能力，我还需要不断地进化。

互联网公司有很多很好的哲学，而不仅仅是管理方法。我写《腾讯传》的时候，说腾讯是小步快跑、快速迭代。当年，QQ 每七天进行一次迭代，不断犯错误，但那不是简单的重复，而是哲学，是整个机制都在变。所以，要想决胜新零售，我们要好好向腾讯、阿里这样的企业学习，提高消费复购。

④ 要素四：制造尖叫商品

不管以何种方式打赢新零售之战，都要回到产品本身，制造让消费者尖叫的商品。马云自提出新零售之后，零售业的很多人都不高兴。原因有两个：一是阿里抢了他们的生意，使得很多生意走到线上。当下，美国电商占全社会消费品零售总额比例为7%，中国为13%。线上的生活被抢了，阿里又开始抢线下。这着实让人感到苦恼。二是在淘宝上做生意的600万人中，90%的人是不赚钱的。为何出现这样的现象？其主要原因在于产品。

淘宝在2017年的大规模改版是历史上最严重的一次。它由开始的购物车导购信息流变成了内容流，即以内容为主诱导销售。所有的信息都被去掉，流量已经结束，如今淘宝靠的是内容。未来一两年内，淘宝、天猫这样的公司会对内容进行大规模的扶持。今天中国短视频领域投入最大的就是阿里系，它还收购了优酷。这都是回到内容本身、回到产品本身的做法，是值得我们学习的。

自新零售转型到今天，我对中国制造业越来越有信心了。因为所有的变化都离不开好产品。传统意义上的广告营销已经不见了，变成了口碑营销；原来的流量价值也不存在了，回到内容营销本身。

六、什么是新零售

基于以上四个要素，我认为如今一定存在新零售。那么，什么是新零售呢?

新零售是一场因工具创新而引发的革命，种种新的工具变化——从大数据到刷脸技术、供应链整合、生产线再造，种种格局带来创新、引发的革命，新零售在空间再造和消费者关系重建过程中恢复了中国制造的尊严。

毫不夸张地说，中国的这场新零售革命是世界未来的新零售。今天，我们在中国看到的所有零售业变革的激烈程度和对各个行业穿透能力，已经超过了美国和日本，甚至超过了所有的发达国家。

对于新零售的未来，我们懵然无知。但从我过往 20 多年的经验来看，既然新零售之战已经发生了，就不可能很快结束，而且它结束时一定是面目全非。当新的世界形成的时候，在这个领域中，中国人所有的创新模型都是全世界最先进的。中国未来的模式输出会成为一笔非常大的生意。

对于新零售，我们到底该如何拥抱它？我想用日本建筑大师安藤忠雄的话来结尾：从现在开始，你要加倍地使出全部的力量往前冲，不要回头。只有如此，你才可以看到原本看不到的东西。

我希望，我们每一个人在新零售这个世界中能看到一些原本看不到的东西。

上篇　实录

理念创新：技术革命颠覆零售思维

零售新物种的进化与迭代

吴声（场景实验室创始人）

如今，关于新零售的讨论已经泛滥成灾，甚至云山雾罩、似是而非。我甚至在想，如今我们所谈论的新零售，再过几年，是否会如过眼云烟，消失得无影无踪？那么，又有多少新零售的实践能作为经典范例被传承？

一、新零售是一种新个体、新内容、新连接

刘润老师曾经写过一篇解读小米新零售八大战略的文章，叫《线上线下同价》。在这篇文章里，刘润老师谈到了信息流、资金流和物流。在如今看来，里面所讲到的信息流、资金、物流和“人”、“货”、“场”又都产生了新的含义。

阿里为什么认为新零售是以消费者体验为核心、以数据为驱动的泛零售形

态呢？京东为什么又认为新零售的实质是第四次零售革命，是以无界零售作为重要表达形式的重构成本体验与效率的一次系统工程？我们不禁要思考一下：如今的新零售还是零售范畴的模式升级吗？

对此，我认为，新零售有可能是商业本质的迭代。无论是从用户思维的进化来讲，还是从供给本身的技术驱动来讲，新零售都离不开以下三个要素：

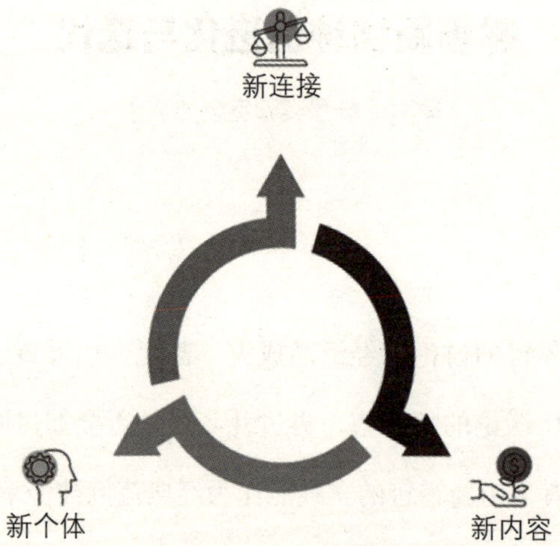

新零售的三要素

① 新个体

如今的我们是被手机、社交网络，甚至云存储重新赋能之后的“人”。这里所说的“人”已经变成了超级个体，我们是活跃在朋友圈里的“人”，也是知乎、豆瓣里的“人”，更是头顶淘宝、京东 ID 的“人”。新的个体正在崛起，每个个体都是社群。所以有这样一句话被传颂：超级个体就是社群的本质。

② 新内容

我们在超级物种或盒马鲜生消费时，购买的是产品，还是高效率的配送服务？我们享受生鲜从宰杀到制作、烹饪、即食全过程的快感，这样的场景化难道就是所谓的新零售吗？我想，更多的时候，我们关注的是新的内容。

③ 新连接

前不久，我到上海参加一个活动，发现上海一个普通的商业地产中心能和张爱玲连接在一起。消费者能理解“这是张爱玲的上海”，这并不是一种消费升级，只是一种仪式感，一种全新的内容联想，一种多样性的新连接。这种新连接，我们把它称为“使能”。

我们关注个体，个体要么比快更快、比新更新、比奇更奇，要么比特更特。有人说快时尚正在开始徐徐关闭他们曾经攫取的流量红利和消费红利，优衣库要是没有“优 +”系列，就不能维持基础的通勤基本款。比如，2017 年 4 月，在徐家汇新开了一家店铺——LA RUTA。这家店铺的定位是裸足购鞋。消费者可以在 LA RUTA 里找到春夏季超过 60 个、秋冬季 127 个来自欧美各地的潮流鞋履品牌，其中有 99 个国际品牌是首次进入中国。春夏季 659 款、秋冬季 979 款新季潮鞋更是满足了消费者“不撞鞋”的心愿。对于爱鞋之人，LA RUTA 鞋履“潮”圣地的定位，带给消费者全新的购物体验。

库存就是信息。我们看到大量的互联网公司，比如小米之家、京东、阿里，不是每天更新一次库存，而是实时更新库存。消费的频率被重构，不再是我们理解的传统复购率，它是一种随机性，被产品切换打动的一种随机性行为。它有易变、不忠诚、不可预测的特性，但即便如此，也并非没有逻辑可依，并非没有迹象可循。

二、我对新零售的六大预测

新零售作为新个体、新内容、新连接，它的每一个链条都在重新生长。对此，我提出以下六大预测：

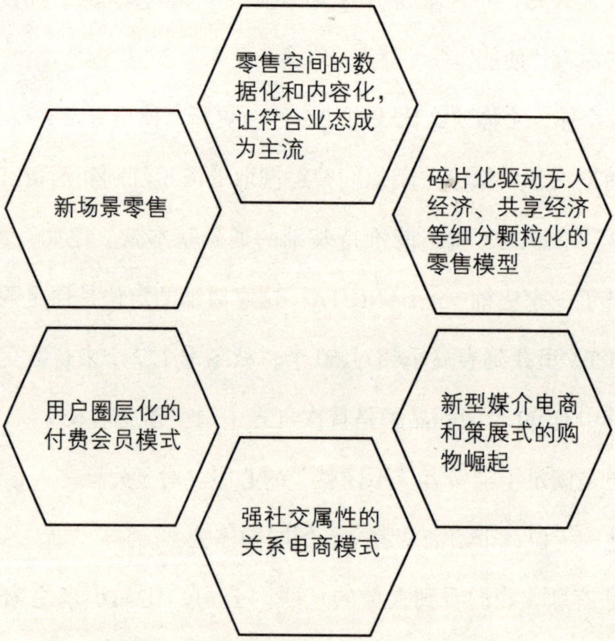

新零售的六大预测

第一个预测：零售空间的数据化和内容化，让符合业态成为主流

对于这一预测，可能有人会反驳说已经开始了。确实如此，如今数据化和内容化确实已经开始实施了，但它不是主流，只是支流。不复合，无业态，零售空间数据化和内容化的本质是数据的运营能力和内容的经营体系，是对用户的洞察、预测、研究，是把我们对于人的“知”变为对于人的“识”，从知道、懂得、理解成为识别、预测、预判。

第二个预测：新场景零售

依托于旅行民宿、联合办公、共享社区、长租公寓、设计酒店等第三空间的新场景零售将大行其道。

随着时代的发展，零售的场景将越来越多变。比如酒店白天的场景可以是联合办公，晚上可以是酒吧，场景本身在切换过程中能够不断激活新场景，这种激活本身就会成为零售的场域、氛围以及消费决策的依据和动机。

围绕以上两个预测，小麦铺可谓一个典范，或者可称之为效率的新物种。

小麦铺的前身是校园配送，其创始人曾经做过京东的校园代理。在他选择无人便利店模式时，事实上是选择了一条我们认为的可取道路。也就是说，他把自己的营销模块、产品模块、能力模块、供给模块进行积木化和组件化，再通过门店的模块化嵌入各种场景。这种无人便利店可能进入优格工厂，可能进入其他匹配调品的社区，也可能进入校园的周边。它通过选择流量合作伙伴和社群圈层化的聚集地，在完成复制之后，成了一种芯片和接口设施。也就是说，它完成的是多样性的连接。

永辉超级物种、盒马鲜生和物美的区别是什么？它们的区别就是，对于用户有没有所谓的长板和短板，还是只有一致性的体验和交互。盒马鲜生有着电商的基因，但如果它堂食的服务和用户的体验不能够形成好的口碑，那么它的进化迭代就不符合越来越以消费者体验为核心、以数据驱动的泛零售形态。

事实上，无论在大众点评还是微博上，盒马鲜生团队的服务都没有成为先进业态的代表。究其原因，是因为商业自有其基本规律。我们一定要回到原点，这个原点并不是概念，也不是遥不可及、遥遥领先的技术，而是创造用户价值。形式并不重要，用户更在意的是细节的感受。比如盒马鲜生的商品价值本身能不能经得起天猫和京东的比价？商品的味道是不是足够新鲜？亲子家庭愿意在这里多停留半个小时还是一个小时？所谓的时间战场并不是指一站式的零售体验，而是在于用户愿意把空间转化为时间，愿意把时间转化为推荐，愿意把体验转化为分享机制。

第三个预测：用户圈层化的付费会员模式

为什么永辉要推出周边的配送服务？其原因是付费会员正在成为这个时代核心的估值体系和估值模型。这表现在阿里、京东、唯品会发布的季报和财报里，付费会员无一例外是第一要素；表现在破1亿订阅用户后，企业的估值、市值的表现；表现为得到的订阅专栏、喜马拉雅听书、知乎、网易云音乐在知识付费这个领域最真实的一种PK（比拼）逻辑。

第四个预测：强社交属性的关系电商模式

有这样一个有意思的事：MINI汽车选择了时尚类公众号“黎贝卡异想世界”去做新品首发。这种营销方式告诉我们：将人格作为入口，圈层正在成为今天的消费成交地。虽然黎贝卡只是一个闺密式的话题引导者，对于她能够形成的消费转化率还有待更深入的评价，但是我们知道每个人都能在自己的人生里找到一种定义和连接。

对于买商品听谁的——比如买辣椒酱要不要听林依轮的——这背后是一种新的人格背书和信任入口。拼多多最新一个季度数据显示，拼多多的 MAU（用户数量统计）已经超过了京东、天猫和唯品会，仅次于淘宝。它没有依托腾讯、京东、美团、大众点评，但却是社交电商、关系电商、微信电商里获得红利最多的。

如今，朋友圈已经成为我们的基础设施，是我们的重要场景。我们所谈论的“吴晓波美好 Plus”，它的本质并不是有多大的买手体系和买手能力，而是因为这样一种超级 IP 信用代理所形成的信用、圈层、关系、内容和认证。这种认证最终不仅仅体现在做好货上面，而是在做美好的标准、美好的价值观，是重新定义“美好”。

商业必须要领先半步，领先半步我们就能形成同理心。这种同理心要表现为我们所提到的一种标准，比如有没有货去承接？是不是爆品？有没有榜单指数去揭示？这种标准有没有真正意义上的内容，让所有人去谈论、争论、传播、点赞？

第五个预测：新型媒介电商和策展式的购物崛起

毫无疑问，如今我们所看到的大量场景是无法定义的，我们感受场景的方式无非就是买买买或卖卖卖。

不管是去巴黎的罗浮宫，还是去英国的泰德美术馆，不管是在哪里，你最终所完成的这种艺术、审美的仪式感都是通过一站式购物。就像看过梵高的展览，你会想着要买一份关于梵高的周边。

为什么红星美凯龙在上海要推出艺术购物中心？为什么 K11 越来越强化自己作为亚文化的策源地和审美式购物形态的概念，甚至购物本身是被忽略的？事实上，消费者关注的是内容体验。艺术策展本身并不能形成具有全民热度的话题，人们在意的是这样一种艺术独特性，在意的是流量本身有没有被反复地收割，有没有被精准地运营。

第六个预测：碎片化驱动无人经济、共享经济、二手电商、社区服务、时间电商等细分颗粒化的零售模型

一条视频最近的融资，可以看作是获得了短视频领域的红利。短视频这种持续运营的艺术形式，作为流量的最大公约数，在品位层面不断完成了中产阶层生活景象的幻觉，不得不说，它的确成了内容电商的代表。

另外，为什么类似于网易严选这样的 B 级电商模式能够成为 2017 年的焦点和新零售的代表呢？这源于如今的供应链透明化，来源于信息对称化。透明供应链本身就是今天消费的痛点和高频。亚马逊收购超市之后，中产阶层最喜欢的牛油果大幅降价。再一个，原来只占 25% 的有故事的商品品类，两年内会达到 70%。所谓“有故事的商品”是指商品的场地、生态、农药残留情况、运输方式都是可追溯的，商品有着全流程、全域、实时即时的故事表述。通过 IFID 和人脸识别，我们能够即时看到我们希望看到的碎片信息。

三、新零售的定义

我们真正需要的是通过“六大预测”来理解新零售。基于以上“六大预测”，我认为，新零售是以大数据支撑、场景洞察、体验设计为基础架构的新信用关系与新效率体系。

事实上，关于新零售的定义，我在《新物种爆炸》这本书里已经完整地写出来了，这是一个非常旧的定义。但在这个旧定义里，我希望找到一种方法，这种方法就是落脚点，要么指向效率，要么指向信用。我们把成本、配送快递的能力、快速柔性的供应链、就近发货都定义为效率。我们把内容、体验升级和IP的打造定义为信用。

比如，自从阿里的芝麻信用出来以后，除了摩拜之外，几乎所有的共享单车都可以利用芝麻信用分免去押金、直接用车。芝麻信用包括了支付宝、天猫、淘宝在内的整个阿里数据指向和能力体系。毫无疑问，阿里就是一个典型的信用公司。

再比如，刘强东在《财经》发表的《第四次零售革命》、京东所有关于无人零售的战略和“双11”所形成的无界零售的解决方案，都在指向效率。我们认为，这是阿里和京东两大巨鳄之间的战争，但这背后实则是不同的指向。阿里说体验设计是围绕消费者的，我们认为体验设计是新信用关系与新效率体系的基础架构，它的本质应该是以用户触点交互反馈为体验基础的设计能力。这一切来源于数据的运营，来源于数据对于产品洞察的响应，也来源于数据对于产品洞察的建模。

我们定义了场景，那么如何通过数据建模、数据采集、数据挖掘，去校正场景、调整场景、优化场景呢？我们可以通过数据运营去经营我们的用户，运营我们的社群，定义我们的圈层，打造属于我们自身的亚文化。

围绕这样一种定义，我们可以认为：新零售的场景价值形态是体验迭代与认知升级的效率共振。比如，人们关于LOGO（商标）有两种看法：一是LOGO代表一种智慧品牌的信任背书；二是LOGO要表现为No LOGO和独特性的LOGO，即我选择LOGO的标准就是让你不知道是什么LOGO！如今不少人购买商品的标准就是限量、稀缺、联名、跨界，这种稀缺和独特表现为“与其更好，不如不同”，但这其实是人们消费体验的迭代和认知的升级。

这种效率共振就会成为我们看到的有价值、有效率、有效果、有业绩、有成果的新零售。我们不在意买东西的地方是否是买手店，也不在意它是不是策展式购物，更不在意它是否是无人便利店……总之，它就是场景，一个小程序就可以轻松搞定。

四、新零售的五大发展清单

基于此，我提出了新零售的五大发展清单。

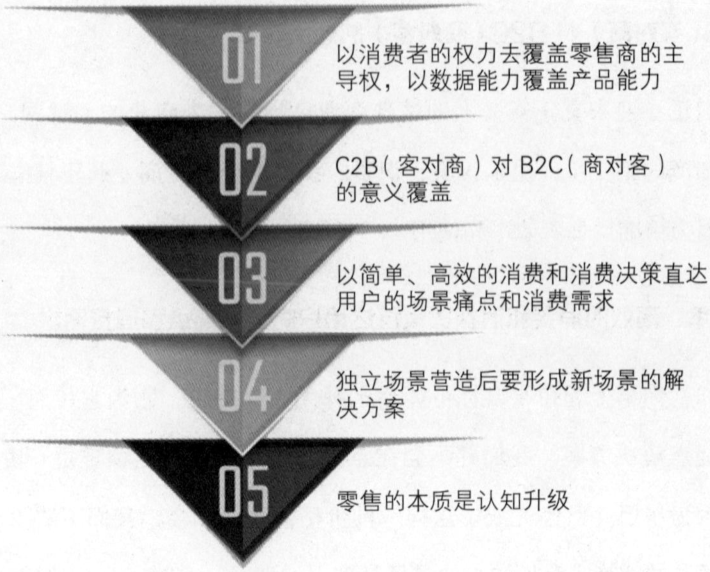

新零售的五大发展清单

① 以消费者的权力去覆盖零售商的主导权，以数据能力覆盖产品能力

我们既要注重极致的单品，也别认为可以“一招鲜吃遍”。我们要关注的是消费者实时的变化是否在瞬间被感知。这个感知不仅仅是我们讲的门店数字化探索，我们在意的是始终以消费者权力去覆盖零售商的主导权，始终以数据能力覆盖产品能力。新型媒介电商的重点变成了买手能力和策展能力。审美、艺术认知、媒介企划、总编辑和主编的思维、策展人的能力体系，这些以前我们认为风马牛不相及的关键词正在成为越来越核心的能力。

② C2B（客对商）对 B2C（商对客）的意义覆盖

我们正在迎来真正意义上的精准商业。精准作为商业的关键词，是知人、知货、知产的第一步，也是识人、识货、识产的结果。商业起于精准，也终于精准，因为精准代表着效率和信用。

③ 以简单、高效的消费和消费决策直达用户的场景痛点和消费需求

比如，你早上起得早，你可能会选择无人咖啡机，因为它代表了 9：48 分的场景痛点解决方案。我们并不会在意无人咖啡机售卖的咖啡是 6 块钱还是 8 块钱，因为星巴克已经完成了这样一种价格体系。如今，我们不缺少场景，更不缺少场景的切换，我们缺少的是场景痛点的即时、实时、全时的满足和快速、合理的匹配，所以零售业绕不开排行、清单、榜单。

④ 独立场景营造后要形成新场景的解决方案

勤奋、勤勉的迭代是商业的常态，我们要以越来越勤勉、越来越勤奋、越来越迭代的姿态去面对行业的未来。在新零售革命里，唯一不变的就是变化。

⑤ 零售的本质是认知升级

数据的本质是认知革命。我们因此越来越懂得我们和这个时代、这个世界、技术、所有亟待拥抱的不确定性之间的关系。零售亦是如此，零售数据的本质是零售结构的知识拼图和认知跃迁。

如今的我们已经不再讲 O2O，也不怎么说要不要做电商诸如此类的问题。我们已经在一个全新的零售认知起点上，懂得“人”、“货”、“场”的意义所在，也正在理解数据、用户、全渠道的概念。只有一致地看待用户，理解消费者，我们才能够一致地完成对于“人”、“货”、“场”重新的认知，才会提出重置“人”、“货”、“场”的口号。消费新物种的时代正在加速到来，全场景响应消费需求的新零售革命正在重构零售的本质。

虽然我们一直在说要回到商业和服务的原点，回到零售的规律上去，但是我们不得不承认，数据成了这个时代的“能源”，社交网络成了这个时代的“水”，云计算成了这个时代的“土壤”。它们一定会长出零售的新物种，所以零售升级的本质是认知升级。

需求端和供给侧从来都是一体两面，认知升级如果没有足够条件的成熟，我们就会陷入 VR、AI、MI 等一系列先进技术中去。这些技术和新零售一样在等待，也许是在等待 5G，等待着更高、更有效率的数据传输，也许是在等待着内容制作条件极大化的成熟，这种等待终将是我们消费意识的觉醒，等待着我们共同造物。

这是一个新物种爆炸的时代，我们每一个人都要面对新零售认知的升级和迭代，我们要共同进化，大胆创新。这，才是零售新物种。

新零售是更高效率的零售

刘润（微软（中国）公共事业部战略合作总监）

关于新零售的概念，犹如1000个人眼里就有1000个哈姆雷特一样。相同的事情，从不同的角度去看，会有不同的结果。什么是新零售？无人超市等于新零售吗？盒马鲜生是新零售吗？天猫小店是新零售吗？京东的无界零售是新零售吗？新零售的标准是什么？

追本溯源。要理解新零售的概念，首先我们要理解什么是“零售”。

一、什么是零售

你在线下开了一家服装店，这叫零售；你在小区门口开了一个超市，也叫零售；甚至，如果你是一个扛着磨刀器具在路上吆喝的老大爷，也是零售。

零售是一系列商业模式的统称，而商业模式就是一种交易结构。通俗地说，零售就是我们怎么让货、产品和用户之间产生关系，如何把产品卖给用户，或者反过来说，如何去为用户找到产品。

如果用阿里的理论来给零售下一个定义，其实就是把“货”与“人”之间用一个叫作“场”的东西连接在一起。这个“场”可能是场景，可能是物理位置，也可能是呼叫中心，甚至是你去拜访的陌生客户等。所有能把人、用户和产品连接在一起的东西，我们都可以称之为零售。

零售是一个连接器，是把具有生产价值的人和消费价值的人连接在一起的中间者，或者我们称之为“传递价值者”。零售是这个世界上最典型的传递价值者。比如海尔生产冰箱，苏宁把海尔生产的冰箱卖给你，那么海尔提供的是产品，是在创造价值，你是买这个产品的人，而苏宁是典型的传递价值者，因为它要把海尔的产品卖给需要这种产品的人。或者反过来说，苏宁是帮助需要冰箱的你找到最合适的冰箱。

按照这样的逻辑和角度，进一步拆分“零售”，不断地追究本质，我们才能知道什么叫零售，进而知道什么叫作“新零售”。下面，我将从“场”、“人”、“货”的角度来理解什么叫是零售。

二、从“场”的角度来看新零售

既然零售是把“货”与“人”之间用一个叫作“场”的东西连接在一起，那么，“场”到底是如何在用户和场景之间不断发生连接和交互的呢？

我认为，让用户和产品之间发生连接的有三样东西，即信息流、资金流、物流。

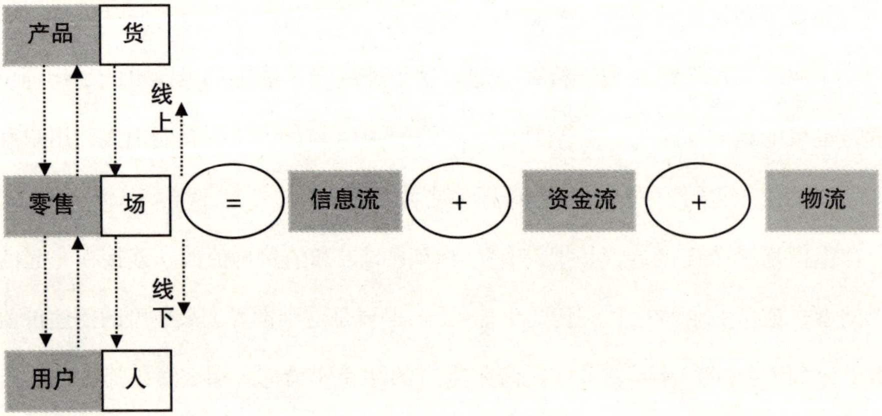

那么，什么是信息流、资金流和物流？我们先通过下面的例子简单理解一下。

比方说，今天我要去商场买一件蓝色的衬衫。到了商场之后，我远远地看到一家店铺里的一件衬衫挺漂亮。于是，我走进店铺，摸摸那件衬衫的质地，觉得很喜欢，然后翻翻价格标签，发现价格恰恰在我能承受的范围内，接着，我问服务员是否可以去试衣间试一下衣服的大小。

到此为止，我其实一直在试图获得信息——这件衣服是什么颜色？什么质地？这件衣服是贵还是便宜？这件衣服穿在我的身上是否合身？这些都属于信息流的范畴。信息流是我们商家提供给用户、帮助对方做决策的资源。

获得所需的信息后，我知道了这件衬衫不错，决定要买。这时，服务员会开购买单，我拿着单据到收银台交钱，收银员收到我的支付金额后再开回单。到目前为止，收银台做的事是完成了资金流。我把钱交给收银员，收银员把回单给我，证明我们之间的资金流转结束。

我拿着这张回单回到卖衬衫的柜台，把回单交给服务员。服务员会给我一个纸袋，里面有她已经打包好的衬衫。我把纸袋子拎回家，期待着明天穿上新衬衫。在这里，“我把纸袋子拎回家”这件事是完成了“物流”。

任何零售行为，连接用户和产品之间的无外乎三件事——信息流、资金流和物流。只不过，传统零售自然而然地用线下的商业逻辑运行信息流、资金流和物流。这样的逻辑运行了几十年，甚至上千年，一直没有试图分割开过。比如，你到商场去买衬衫这件事，可以用上文中的逻辑拆分。但事实上，从物理的角度来说，信息流、资金流和物流在现实生活中是无法拆分的，这三件事几乎是同时发生的。

① 信息流

如今是互联时代，信息流、资金流和物流之间有了新的变化，这个变化的出现导致了后面一系列变化的发生。这也是为什么会出现“新零售”的原因所在——正是因为零售行业出现了一些新的基础要素，导致零售的形态发生了变化。

比如，阿里曾经在妇女节做了一个活动，叫“三八扫码购”。当你用天猫超市的 APP 去某一家沃尔玛或者家乐福超市，扫一下超市里你所需产品的条形码，你会发现，这个产品在超市里卖 1.8 元人民币，在天猫超市却只卖 1.6 元人民币。你直接拿APP一扫，就可以把产品放到天猫超市的购物车里。为何天猫超市的产品比沃尔玛或家乐福超市的更便宜？这是因为线上和线下的成本结构不同。所以在活动当天，很多人都在逛沃尔玛或者家乐福超市，但最终却在天猫超市下单购买产品。

不过，超市零售商一定会愤愤不平：你们只是到我们店里来体验产品，却在线上下单？毕竟，传统零售的信息流、资金流和物流是不可分割的。这就意味着，你去超市，超市把商品展示出来给你看，目的是为你提供信息流，让你做出“买”或者“不买”的决策。而展示信息流是需要成本的，比如店面的租金、人工费、电费、水费、消防费等。为什么超市愿意花这么多成本展示信息呢？这是因为只有这样，消费者才能完成零售交易的资金流和物流。在超市里，消费者获取信息流和资金流是同时完成的。但如今，信息流和资金流被切割开了，消费者可以从线下获得信息流，在线上完成资金流和物流。这就是传统超市的商业模式受到本质打击的原因所在。

如今，家门口5公里之外的大型超市越来越难生存，因为超市强行把信息流、资金流、物流捆绑在一起。那么，到底这三者该不该被捆绑呢？将信息流、资金流、物流进行分割的电商商业模式真的是全能的吗？

在前三四年里，很多人提出“线上电商会干掉线下”的说法。随着形势的变化，大家开始认识到，线上和线下各有利弊。

线上的巨大优势是为人们提供了信息的高效传递。网上曾经流传过一篇文章，叫《淘宝不死，中国不富》。这篇文章的核心逻辑是：电商的存在导致在网上稍微卖得贵一点的商品就不会出现在展示页面的前列。不出现在前列就意味着消费者可能看不到，也就无法完成交易。商家为了让消费者看到自己的店铺和商品，会进行恶性竞争，不断降价，这样最终导致中国企业赚不到钱。如果中国企业都赚不到钱，那么如何匹配今天的美好生活呢？所以淘宝不死，中国不富。

对于这一篇文章的观点，我特别不赞同。

电商只不过做了一件事，就是把市场经济中用来匹配供给和需求的那只“看不见的手”更高效地发掘出来了。比如，以前我们想找到一件性价比高的产品要花费很久时间，而如今有了淘宝的存在，这个过程就方便多了。事实上，像淘宝这类电商本质是加速了那只“看不见的手”来调配中国商界的资源，让那些真正优秀的零售企业浮现出来。电商确实存在着巨大的优势——高效地匹配了信息流。2016 年的“双 11”，天猫卖了 1200 多亿。这 1200 多亿相当于整个蒙古国一年的 GDP，超过美国整个“黑色星期五”的交易数字。之所以有如此大的营业额，就是因为天猫高效地匹配了信息流。

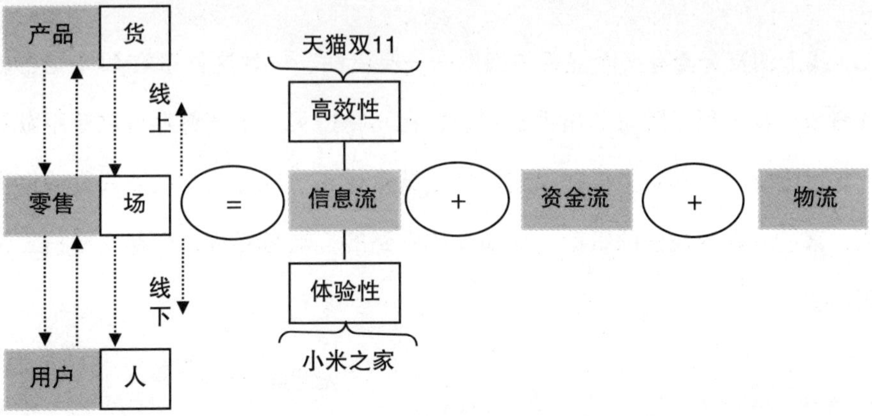

即便如此，仍然有些产品在线上是不好买的。比如，你要去买一个床垫，在网上只能看看参数、规格，但却不能躺在床垫上，亲身体验床垫对你全身的支撑。这种体验是很难在线上完成的。也就是说，互联网为消费者提供了高效的信息传递，但让消费者损失了对产品的即时体验。

所以，新零售出现了。

前段时间，我对雷军做了一个访谈，雷军告诉我小米正在做“小米之家”。他和我分享了一件很有意思的事：把小米手机和红米的销售情况进行对比，红米在线上的销售情况卖得更好。因为在线上比较手机的参数后，很多人会选择购买红米。而在线下，小米手机却卖得最好。因为消费者在线下门店通过触摸手机的实物，会感觉小米手机的手感好一些。

在相当长的时间里，“新零售”只是一个阶段性的概念，永远会有更新的东西出现。拥抱新零售，就要把线上的高效率和线下的体验性结合起来，让消费者在享受高效率的同时回归体验性。

② 资金流

线上的资金流有一个显著的特性——便捷性。付款这件事在如今变得极其简单，我们可以随时拿出手机付钱，在马路边买一个红薯都可以使用微信或支付宝支付。在过去，如果我们在地铁里想买一瓶可乐，就要找自动售货机，塞进一张 5 块钱的纸币。而如今你看到的自动售货机，全部变成扫二维码付款。

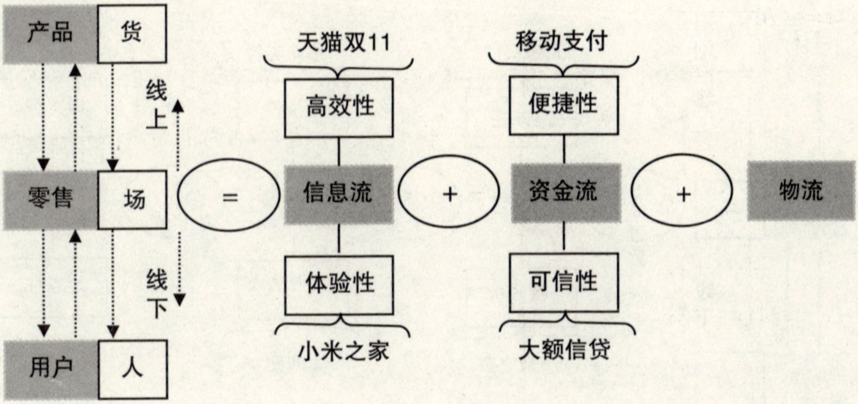

最近这两年，人们意识到线下有一个优势是线上不具备的。在资金流这件事情上，人们在线上完成的基本都是小额支付，大部分人是不敢在线上进行大额支付的。比如，拍拍贷在网上做P2P交易，最主要的金额集中在几千元人民币。网上的借贷也大概集中在几千元人民币左右。为什么人们在线上只敢借几千块钱呢？这是因为线上信用体系还没有完全搭建，但这在线下却是没有问题的。这也就意味着大宗商品、大额交易更适合在线下完成。

如今，线上线下资金流背后的安全性和信任感的鸿沟，并没有完全被跨越。

③ 物流

在传统零售交易中，物流是一个从来没有被思考过的问题。过去，我们在线下买东西都是“人找货”。你去商场买一个东西，是人在移动，从而接近货物。这就是传统物流的逻辑。

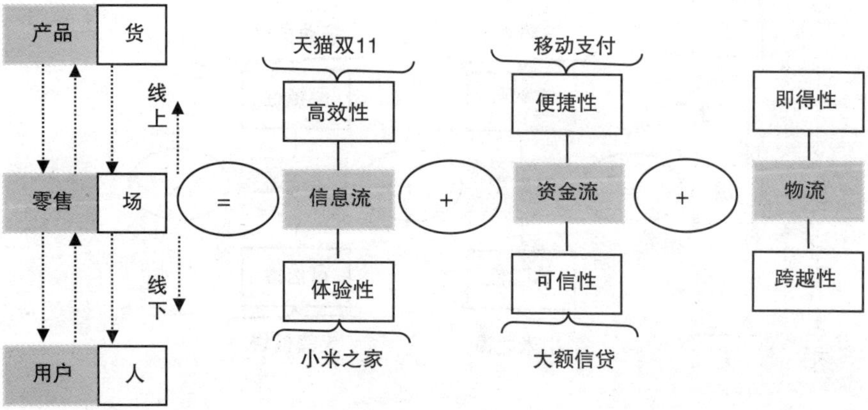

这种逻辑演变到今天，在如今的电商时代，已经变成“货找人”。比如，你今天在线上下单后，坐在家里等货，是货来找你。电商给我们带来很大改变，它实现了空间的跨度。如今，你可以在家里买到全球任何地方的货品。

当物流演变成“货找人”后，全世界的货都会奔向你，价格也会拉平。电商在物流上出现了巨大的优势——跨度性，你可以买到全球的商品。但是，电商在物流上面也有一个巨大的弱点——损失了即得性。所谓损失即得性，就是马上可以拿走。比如，你吃完晚饭在小区散步，突然想喝一杯酸奶。这时你肯定会去门口的小店买一杯酸奶，而不会去 1 号店。因为在 1 号店买酸奶，即使再快也要明天早上才能送到你家。

同时，这也是线下零售的一个巨大优势——即得性，这是如今线上还没有办法取代的。虽然有一些商品的即得性，我们可能不在乎。比如，你想去买衣服，今天拿到和三天之后拿到并没有什么关系。但有些东西的即得性很重要，比如你在家里做饭时，突然发现没有盐了，这时你就会在乎盐的即得性。

那么，什么地方对你的即得性帮助最大呢？就是距离你家 5 公里的社区便利店。如今有一个现象挺有意思的：超市越来越难做，但便利店却发展势头正猛。为何如此呢？这正是因为便利店提供了即得性。

“货找人”一定会损失即得性。如今电商也意识到这一劣势，所以想尽办法来弥补这一缺憾。比如，京东、亚马逊开始推出无人机服务。京东在成都建立了无人机机场，亚马逊在美国相对稀疏的居住环境中，提供 30 分钟之内把货送到家的服务。物流速度越快，消费者才能越不在乎即得性。电商的“快”是用来对冲线下的“近”，反过来说，线下的“近”可以用来抗争电商的“快”。即得性和跨度性，是线上和线下相对的优势和劣势。

电商在突飞猛进了几年后，如今发展开始趋缓。2015 年，中国电商消费总额加在一起，只占中国消费品零售业总额的 10%，某些特殊品类大约在 20% 左右。在很多人认为电商已经统治全世界时，事实上电商只占中国消费品零售业总额的 10%~20%。剩下的 80%~90% 的交易依然发生在线下。为何如此？这是因为线下零售捍卫了三个重要的特性：体验性、可信性和即得性。

基于线下这三个特性，新零售就是要想尽一切办法把线上的高效性、便捷性和线下的即得性融合。

那么，到底什么是新零售？新零售就是更高效率的零售，就是要想尽一切办法提高信息流、资金流、物流的效率。当你把用户和产品之间的距离拉近了一寸，你就是在做新零售。

三、从“人”的角度来看新零售

从“人”的角度来看，“新”永远是一个相对的概念。任何时代都有属于那个时代的新零售。在习惯于线下小卖部的时代，我们认为大超市就是新零售；在互联网时代，经营超市的人可能认为电商就代表新零售；站在电商的角度来看，线上线下融合，更高效率的信息流、资金流、物流才是新零售。

让我们换一个角度，从“人”的角度来看新零售。用电商的语言对零售做一个切割，就如下面的公式：

流量 × 转化率 × 客单价 × 复购率 = 人

我先通过一个简单的例子来解释一下公式里的四个概念。

比如，你开了一个服装店，有多少人会路过你的店铺，用互联网语言解释叫“流量”，用线下语言解释叫作“人流”。你当然希望在流量多的地方开店，但流量多的地方租金肯定会很高，这就是“流量成本”。每获得一个潜在进店的人都要付出成本，你付的租金就相当于流量成本。

如果每路过100个人里有30个人在你的店里购买东西，这用互联网语言解释叫“转化率”，用线下语言解释叫作“成交率”，其本质是一样的。如何提高成交率呢？在线下，过去的零售商是通过恰当的摆放、店铺的装修、店名的指引、打折促销等来提高成交率的。当你通过一些活动使消费者购买了你的商品后觉得很好，过几天他又来了，这时你就获得了消费者的“复购率”。而“客单价”则是消费者在买这个商品时，随带着买了别的商品。

从“人”的角度来说，零售无外乎这四件事情：流量、转化率、客单价和复购率。万变不离其宗。所谓新零售就是要分别提高这四个参数。

那么，如何提高这四个参数呢？

① 提高流量

对于如何提高流量，我通过一个例子来说明。前段时间，我让儿子在网上参加了一个互联网的英语培训。我经过考察后，觉得这家特别好。基于认可，我把儿子上的课拍了一张照片分享到朋友圈。由于我的朋友圈人脉较多，分享之后，就有很多朋友私信问我这家英语培训的店名。于是我就向朋友介绍了这家英语培训店铺。

过了一段时间，朋友告诉我，这家店说如果有人推荐的话，他们会给推荐人送 10 节课。当一年结束后，为了免费获得 10 节课，我又在朋友圈分享了一次。我的第一次分享是基于认可，第二次分享是利益的驱动。不管出于什么样的原因，只要我分享到朋友圈，我的朋友就有更大的机会去买这个产品，这家店铺就获得了免费的流量。这是提高流量的一种方式，而这种方式所用到的方法就是口碑经济。

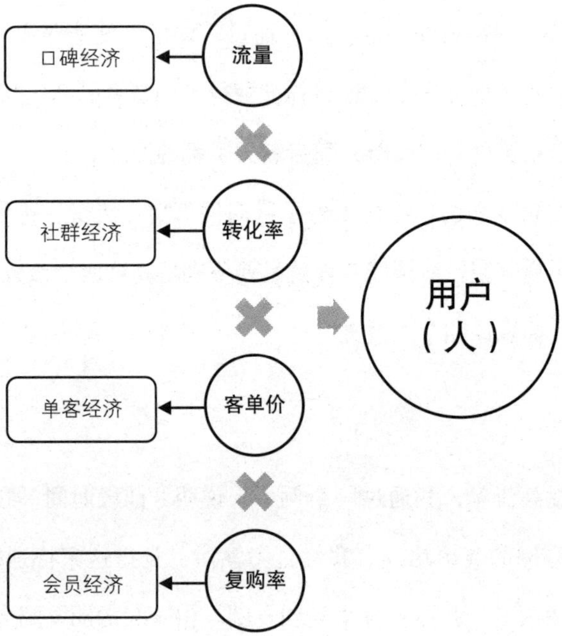

② 提高转化率

对于如何提高转化率，我也通过一个例子来说明。2016 年 6 月，罗辑思维邀请我在“得到”APP 上开一个专栏——刘润 5 分钟商学院，每天坚持和用户互动 5 分钟。当时，这个产品的售价为 199 元。一年结束后，这个产品在罗辑思维上卖了 14 万份，创下了 2800 万人民币的收入。为何我的产品能有如此大的销售量？这主要源于罗辑思维在很长时间里积累了近 1000 万的社群用户。而这 1000 万社群用户有一个共性：求知好学。基于这样的特性，我的专栏产品的转化率才会比较高。因为我卖的是知识产品。在这里，用到的方法是“社群经济”。

社群经济给新零售提供的核心弹药是：人群和产品的精准匹配。社群在产品出现之前，就已经把一些特殊人群聚在了一起，你要提供给这个社群与之相匹配的产品，才会有高的转化率。

③ 客单价

如何才能提高客单价呢？就这需要利用大数据了。比如，我曾经在淘宝上买了一个电动工具修路由器。过了几天，我打开淘宝，就会看到淘宝向我推荐与这个电动工具相关的其他东西，这些东西就提高了客单价。淘宝正是利用大数据向我进行推荐，这一点可以被很好地借用。

④ 复购率

对于如何提高复购率，我同样通过一个例子来说明。

我在小区门口的水果摊买水果时，老板告诉我说，只要我扫一下二维码，就可以给我便宜 5 块钱。于是，我拿出手机扫了二维码。晚上 6 点时，这家水果摊的老板给我发了一条信息：今天还有一批新鲜的山竹没有卖完，你等会儿到楼下散步时，可以带一点回去，晚上 7 点 3 折。看到这个信息后，我自然在晚上散步时顺便买了一些山竹。晚上 10 点，水果摊老板又给我发来一条信息：明天早上要进一批深圳的荔枝，特别新鲜，7 折给你。于是第二天，我又去买了荔枝。

你瞧，这就是很大的复购率。而水果摊老板使用的方法，我把它称为“会员经济”。

总之，所谓新零售，从人的角度来说，就是利用口碑经济提高流量、利用社群经济提高转化率、利用大数据提高客单价、利用会员经济提高复购率。

四、从“货”的角度来看新零售

我一直在思考这样一个问题：消费者需求一旦产生，怎么能用最快的速度接触到货？关于“货”的逻辑，我想有必要帮助大家从底层上做一个完整的梳理。

“货”从开始到最后结束经历了以下 6 个过程：

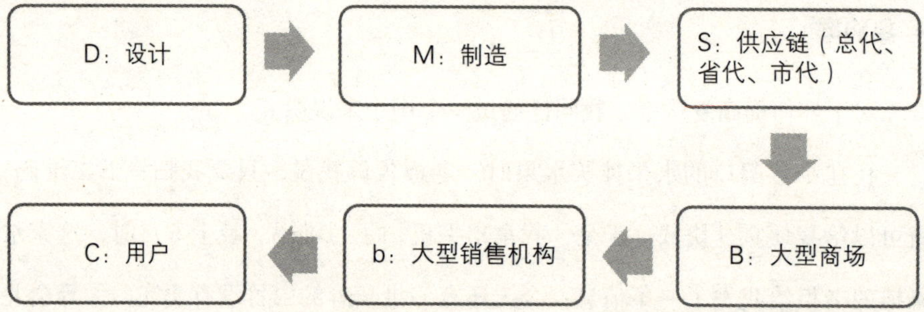

上图是一条完整的供应链，我们称之为“获得逻辑”。下面，我将通过几个案例来给大家讲解一下这条供应链的 6 个要素。

① 设计

为什么 ZARA 的零售做得好？因为它提高了设计环节的效率。ZARA 从设计到销售，12 天就能完成，这是 ZARA 真正的核心能力。如果你能提高设计到销售之间的转化速度，那么你就是一个更高效率的零售。

② 制造

Costco 的总部在美国西雅图附近，这家超市最大的特征是会员型连锁超市，一年的净利润可以达到 20 多亿，而它的主要利润来自于会员费，它的商品几乎是无利润的。Costco 商品的综合毛利率在 6%，所有商品利润不可以超过 14%。

为何 Costco 会把商品利润压得如此低？原因很简单，只有商品价格低，用户才愿意付会员费。而用户付了会员费，就会持续在 Costco 购买商品，这样第二年他仍会续费。Costco 的续费率在全球为 88%，在美国为 90%。Costco 和用户之间形成联系：你付会员费的本质是作为买手，帮我在全球找到最合适、最便宜的产品。买手赚的不是差价，赚的是服务费，它倒逼消费者来做这件事情。

③ 供应链

德国有一家非常著名的机构叫阿尔迪，它很快也会进入中国。阿尔迪在德国超市的价格甚至比 Costco 在美国还要便宜。它是如何做到的？阿尔迪极大降低品类，把店铺开在用户最集中的地方，想尽一切办法缩短供应链的各个环节，极高地提高了供应链的效率。

④ 大型商场

名创优品的产品都是在单点上把效率做到极致。如今名创优品在中国已有

2000家门店，如此量大的门店就可以算得上大型商场。如今中国日用品的定位率是这样的：如果商品成本价是1块钱，中国消费者买到手的平均价格就是3块钱。

名创优品用的却不是这样的定位率。名创优品用大型商场的量找供应商，可以在不降低品质的情况下降低成本。比如，一件商品别的商家拿货成本价是1块钱，名创优品拿10万箱，一件5毛钱。然后名创优品只加8%~10%的品牌利润后，直接供到门店。这样别的商家卖3块钱时，名创优品只卖1块钱。

要做新零售，大型商场就要想尽一切办法提高中间环节的效率。

⑤ 大型销售机构

我认为，无人超市根本不能代表新零售，真正代表新零售的，阿里的天猫小店算是一个典型。天猫通过大数据，可以清楚地知道小店附近居民区里有人买过狗粮，那么天猫小店就会把狗粮部署在里面。而7–11是不知道这一点的。

⑥用户

闲鱼这类回收平台也是一种零售，它通过回收再销售的方式完成了交易。如今，我们不需要通过第三方就可以让用户与用户之间直接交易，去掉中间环节也能进一步提高用户的获利。从这个角度来看，闲鱼也是新零售。

所以，从“货”的角度来看，设计、制造、供应链（总代、省代、市代）、大型商场、大型销售机构、用户，只要在任何一个环节提高了效率，就可以自豪地说：我就是新零售。

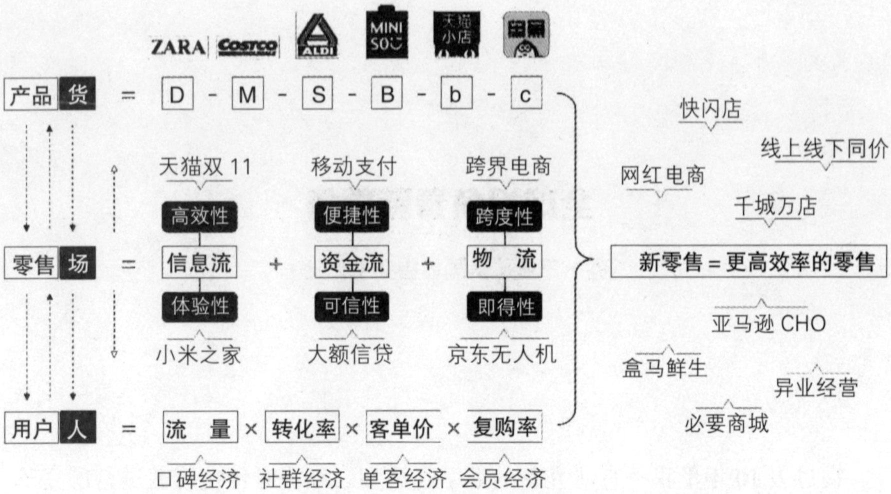

到底什么是新零售？总结起来，新零售是信息流、资金流和物流的万千组合。新零售是流量、转化率、客单价和复购率的更高效率；新零售是设计、制造、供应链，B2b2C 的整个环节不断提高。新零售就是更高效率的零售。

全球视角看新零售

乔·韦曼（美国零售变革之父）

在过去10年里我一直研究新的数字经济和云经济对传统行业进行的变革，我最早定义了云经济学这个单词。如果我们把未来的颠覆技术分为线下颠覆和线上云端颠覆的话，那么，零售行业可能比媒体、电信和消费金融更具有颠覆性。为什么零售业会有如此大的颠覆性呢？一个重要的原因是近几年数字技术迎来了爆发性的增长。比如公有云、管理云技术等等。如果传统的云技术不能很好地支撑突然增加的消费者需求的话，那么整个互联网系统将会崩溃。除了云技术之外，还有很多新技术与新零售相关，比如物联网。

那么，数字技术是如何对新零售进行颠覆的呢？这里有四个重要的数字战略值得大家一试。

第一个战略：卓越信息战略

所谓卓越信息战略，就是通过卓越的信息技术向消费者提供更好的消费体验和更亲密的合作关系。在这方面，Uber 和滴滴给我们做了很好的典范。

在 Uber 和滴滴出现之前，我们出行时通常会站在街边招手拦出租车。当 Uber 和滴滴出现后，我们的出行方式得到了很大的改变，传统的出行方式已经被彻底颠覆。

首先表现在定价管理上面。Uber 和滴滴的定价管理在传统出租车行业里是不存在的。传统的出租车行业是乘客在车程结束后付钱下车，而新的定价管理会让这个过程变得更加漫长，覆盖了所有领域的客户关系管理。

其次表现在支付环节上面。传统出租车行业的支付环节被弱化，或者变成了关系管理的一部分。顾客不用每次与出租车司机讲价、收钱。新的支付环节会直接显示价钱，这已经成为客户关系管理的一部分。

然后表现在数字货币化上面。Uber 和滴滴的出现是从认知管理到数字货币化。通过一个简单的货币化方式，我们可以把行程分享到朋友圈，或者分享到附近的移动商户。如果我们有几百个用户的话，就可以把整个出行路线图卖出去，这是一个很好的货币化方式。

相信零售业的从业者对于 4P 理论（产品、价格、渠道、促销）并不陌生。所谓 4P 理论，说的是零售商如何把东西用一些合适的方式卖给消费者。但现如今，传统的 4P 理论已经彻底被颠覆。如今，我们要更多地了解消费者。在新零售时代下，消费者和顾客的重要性已经远远超过原来的传统零售行业。消费者和零售商之间的关系在新零售时代要远远重于传统零售行业，因为他们之间会有更多线下和线上、物理和虚幻的关系。通过新型的新零售关系，很多信息产品和大数据会产生。生产行业已经有了新的生产模式，其中一个就是3D打印，可以把你需要的产品就近打印出来。

对于马云提出的“新零售”概念，我的理解稍有不同。我认为，新零售不仅仅反映了客户的合作关系，还体现在经济性上。比如，有更好的性价比服务。

在传统零售时代，如果你要买蒂芙尼或者巴宝莉的话，可能会不舍得花钱，因为传统零售主要在做价格。在新零售时代，一些奢侈品更多的是在做消费者体验，企图通过一些方式满足顾客的自我实现。这一点，无论在中国，还是在美国，都是一样的。

在新零售图景下，零售商和顾客之间有很多种关系，比如交易型、私密型、集合型。其中，最容易得出的一个新的副产品就是信息。这是今天对新零售最好的全景化解读。

新零售虽然看起来复杂，但如果突破任何一个单点的话，都会产生销售契机。比如虚拟资源，现在行业里对虚拟资源的开发利用已经成为新零售新的方向。

我们有必要把整个零售行业的演变梳理一遍。零售行业最早始于线下购物，接着出现了邮件和电话购物，后来逐渐出现在线购物。有趣的是在线上购物早期，大家都认为线上线下之间有一个防火墙，物理和云端服务是分开的。那不是真正以顾客为导向的新零售，真正的新零售是顾客享受到商品的品牌。

O2O早期只是把信息进行整合。O2O最佳的表现方式是将线上店和线下店、实体和虚拟进行组合。消费者可以在线上提出需求，然后在线上下单，并同时在实体店进行货物的试用，再决定是不是要购买产品。这个过程看起来可能很繁琐，但却是新零售线上线下实现融合的关键所在。

英国品牌巴宝莉在这方面就做得非常出色。巴宝莉在进行了线上线下融合的新零售尝试之后，其短短几年内销量和股价都上涨了3倍。

位于伦敦的巴宝莉旗舰店有整整两层楼，面积大约有普通会议室的2倍。工作人员在如此大的地方设置了200多个数字化标签，用于和消费者互动。这些数字化标签和设备，不仅仅可以展示巴宝莉的LOGO和本周的销量，最大的作用在于为消费者提供一种独特的消费体验，并进行线上信息收集。

为什么我会这个案例来为大家做示范？这是因为大家一般认为巴宝莉只是一个奢侈品牌，而不会把它当成一个高科技公司。事实上，巴宝莉现在是数字技术的标杆企业，并且大规模地应用了新零售技术。

当你到巴宝莉的门店购买口红，柜台上的数字化镜子会向你展示你使用5种不同颜色口红的效果，从而帮助你选择哪一款最适合你。通过数字技术，消费者可以在巴宝莉的门店享受不一样的体验，从而实现消费者的自我满足。同时，巴宝莉在客户关系面也做得非常好。如果你作为巴宝莉的老客户新买了一条围巾，那么，巴宝莉不但会把你在店内消费的信息记录起来，还会利用后台SAP技术计算出你所购买的围巾与你之前在店买的哪一件大衣搭配效果更好。

在这个世界上，有很多云端信息和实体商业进行结合的方式，自动化、改进、融合和镜像这四个词是线上云端信息和线下实体商店进行融合和合作的四种可能性。

线上线下要实现融合，最主要的是建立无缝的合作和连接，优化线下服务，比如供应链管理。或者最大化地把线上服务和线下服务进行合并，无论是销售服务还是第三方。

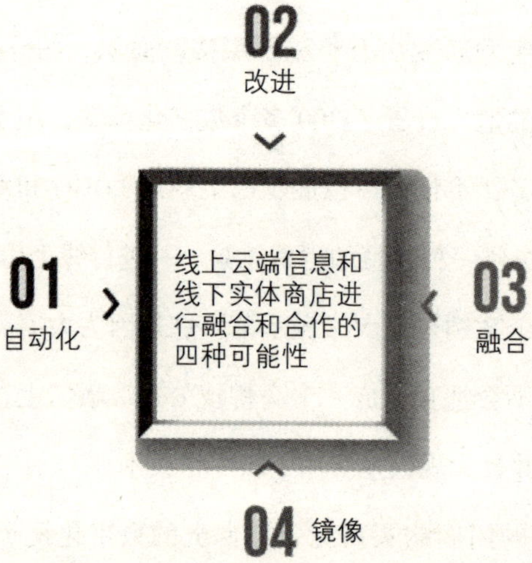

传统零售做得最好的要数福特公司的 T 型车，它既不是人类历史上的第一辆车，也不是销量最高的车。但它是第一种流水线生产的车，每个部件都可以更换，这在当时的汽车行业中是一个革命性成果。在传统零售行业，我们可以让车变得更快、更便宜、更经济，从而和其他竞争对手进行区别。这在新零售行业则完全不一样。

比如传统的运动鞋大约由 30~40 个不同的零部件构成，但是耐克的新鞋却只有两部分构成：一部分是鞋面，它看起来更像一双袜子，或者半只鞋；另一部分是橡胶底。在传统零售时代，像耐克这样的企业，会先假定客户喜欢哪种风格的鞋，然后把客户心中设想的订单发到附近的商店里。按照传统的零售流程，新的鞋型在商店里进行销售至少要几周，甚至几个月的时间。

在新零售时代，这些都得到了颠覆。虽然耐克现在还没有这样做，但我可以预见，耐克很快就会这样做。耐克把一些3D打印机放到商店里，这就意味着客户只要走进耐克的门店里就可以当场进行设计，5分钟之后，顾客就可以穿着一双定制的鞋走出商店。

第二个战略：领先的数字解决方案

亚马逊在不久前推出无人商店——Amazon go，颇受大家的关注，很多人都把它作为新零售的样本。事实上，从零售的角度来说，不管它是应用了电子钱包系统还是人像扫描系统，都只是把效率最大化了。所以，Amazon go并不是新零售最佳的案例。

虽然Amazon go并非新零售的最佳样本，但亚马逊的区块链却是新零售运用数字解决方案的典范。亚马逊利用无人工厂里的大规模机器应用，优化了物流和送货体验。这是利用新技术来优化提升新零售体验的方式。比如，everLedger是一个区块链公司，很多公司都在应用区块链技术，但目前主要将其应用于钻石行业。利用区块链技术，可以使整个供应链更优化、更透明、更易管理。当我们购买一颗钻石时，无论钻石是被采集出来、切割、标定克拉指数，还是在进行打磨、销售，整个过程都是利用区块链技术把控的，区块链技术既确保了钻石的品质和性价比，又能让钻石的整个流程具有合法性。

所谓领先的数字解决方案，就是利用好的数字解决方案在整个销售生态系统中提供竞争优势。

传统的零售是产品领先。比如，传统零售的典范劳力士手表里面用了很多关于黄金和钻石的先进技术。劳力士手表销售至今为止已经有两百多年的传统，这样的长寿产品是值得我们尊敬的。但劳力士手表仅仅是一个手表，在本质功能上只能被用来掌握时间。

同样是手表，苹果公司则进行了颠覆，发明了数字化手表——苹果 iwatch。相信大家对苹果手表都有所了解，它与劳力士手表相比，更智能、更数字化、更网络化。而且它可以把数据投放到整个苹果生态系统中，从而创造更多的价值，并获得更多的现金流收入。这就是从产品领先到数字解决方案领先。

除此之外，还有一个案例与苹果手表相似——亚马逊的智能音箱 Amazon Echo。Echo 可以和很多应用结合使用，还可以对声音进行实时恢复。另外，Echo 音箱能够和亚马逊账户相连接，用户可以随时随地通过音箱在亚马逊网站下单。

需要注意的是，Amazon Echo 并不是世界上最小的新零售商店，世界上最小的新零售商店是 Tide 的销售按钮。如果你的洗衣粉用光了，按一下“Start slop”按钮，洗衣粉会在最短的时间里送到你家里。

由于我们现在有了新技术，更小的智能化设备都可以随时随地出现在我们的生活中。现在的新零售可以对客户进行 360 度扫描。比如，在银行行业一个客户的定期账户、国际账户、理财账户、个人贷款可以清晰地展现在别人面前。

第三个战略：集体亲密度

所谓集体亲密度，就是用算法和大数据来提供更好的忠诚度和集体亲密度。

实现这一战略的第一步是从小规模到超大规模的客户服务。比如从30~50个客户，变为几十万、几百万的客户。要实现这一目标，首先我们要把线下变到线上，实体变成虚拟。传统零售更多是关于人类的，而新零售更多的是关于算法和人工智能。

要把小规模变成超大规模的客户服务，传统的零售行业要把原本隔离的零售板块整合在一起。整个流程是由原来的一次性交易变为持续进步的客户关系服务，从而进化为更亲密的客户关系，最后达到新零售的最高境界——集体亲密度。

新零售中还存在其他不同的关系，比如“网友”、“老师与学生”、“泛泛之交”、“坏人与受害者”、“情侣”……基于这样的维度，请你思考一下：新零售中你要与顾客建立什么样的关系？

在传统零售中，大家都是围绕着一对一的顾客关系定义自己的组织结构、产品模式、工艺流程和产品展现方式，以求达到最佳的顾客亲密度。比如，裁缝为你测量尺寸，制作一件衣服。或者是一个大夫对你身体情况很了解，为你提供一对一的医疗服务。

那么，如何从传统零售进化为新零售呢？

第一步就是把线下的关系上升为线上的关系。比如，在线机器人可以和你聊天。但我认为，新零售最令人兴奋的一点是集体的亲密度。这个方法可能有上亿人一对一的交易关系，上亿人之间的交易关系可能会存储在云端大数据库里。我们可以把几亿人的消费数据和交易习惯上传到云端，并运用一种叫作“集体过滤系统”的机制，为每一个人提供专业的一对一的消费建议。

比如，我们可以通过搜索引擎和社交化媒体来测算出消费者真实的态度，通过他的购物行为获得更强烈的消费者行为观察。Amazon go 商店里可以用大量的摄影机，分析在店内消费者的行为习惯。当然更好的测量就是看顾客的在线消费习惯，比如他看了哪些网页，把什么东西放进购物车里。同时，还可以用顾客消费终端判断对应的情景，是在家里还是旅行中，是在周末还是周日，是利用 iPad 还是其他数码电视购物。

我们还可以把已经收到的信息和外界信息进行匹配，比如说天气情况。针对沃尔玛和天气的关系，一个很有意思的研究是：当飓风来临之前，沃尔玛销量最大的商品是水和蓝莓饼干，因为在飓风时大家可以把蓝莓饼干烤着吃，是很简易的快餐。

当然，要拥抱新零售，我们也要考虑伦理方面的问题，比如客户亲密度过高可能不大好。比如，《纽约时报》首页曾经讲述过这样一个故事：美国一个很大的零售商给他的客户——一位女高中生寄小孩用的产品，说“你已经怀孕了”。16 岁女孩的父亲看到后，非常生气。但经过了解，父亲发现了真相——女儿真的怀孕了。你瞧，现在的新技术算法比父亲本身还要了解女儿。

第四个战略：升级创新

所谓升级创新战略，就是通过新鲜的数字战略，加快升级和创新的速度。

新零售时代，升级创新的方式有很多，比如从封闭到开放，从人类到人工智能，从雇员到人群。传统的创新可能集中在实验室里，这种封闭式的创新不适合新零售的场景。新零售的创新是面对全球企业家和发明家的创新，是让更多顾客参与进来的创新。要做到新零售的创新，零售商和制造商要更好地了解顾客的需求，通过顾客的反馈和思考，定制出更好的产品服务。

说在这里，我要对新零售的创新下一个新的定义。所谓新零售的创新，不仅仅要发明，要商业化，最为重要的是，客户是否采纳你的创新。新零售时代的创新一定要让消费者参与到前端至后端的创新过程，让顾客得到新的价值，这才是新零售时代更好的价值创新。

所谓新零售，就是有更好的客户体验。这意味着消费者在整个消费过程中能感受到价值的提升，那么，如何判断价值是否得到了提升呢？一个方法是消费者能够发出更多类似“哇哦”的感叹词，以及感受到更少的麻烦。比如，我在酒店枕头上看到酒店送给我的巧克力，这是意外的惊喜。与此相对的是，如果酒店把我的行李给弄丢了，这就是一个非常糟糕的体验。想要产生更多的惊叹和惊喜、出现更少的问题，大家就要从不同角度认真考虑商业模型与新兴技术的创新过程。

诚然，客户的服务方式永远是不同的，不同的行业有不同的实践和不同的衡量标准。比如，著名的打火机品牌 ZIPPO 不提供很多客户服务，如果消费者打来电话，说 ZIPPO 满足不了他，ZIPPO 会建议顾客购买其他品牌的打火机。

传统零售衡量客户服务的标准是尽快完成客户服务。而新零售衡量客户服务的标准是更好地帮助客户，无论花费多长时间。新零售在不同场景、不同业态中的判断标准是不一样的。比如亚马逊 Amazon go 的判断标准是是否有更多的商品进店，是否有更多的消费，而不是消费者是否有更好的体验和更多的自我满足。

要拥抱新零售，建立更好的客户关系至关重要。新零售中判断销售业绩好的标准是销量上升，同时产生更多的消费心理、更多的销售行为、更大的下单率，从而更好地优化整个零售流程。下单率高，意味着交易频次高，这样的闭环会让零售商和顾客之间互相了解，零售商给客户提供的服务就更有相关性。

另外一个方法是提供更好的客户忠诚度。传统零售的场景下，商家可能要不断推出打折促销活动。新零售场景下，只要降低客户抱怨程度，自然而然就会维系商家和客户的关系，同样提高盈利率。

除此之外，口头推荐和朋友推荐也都是很好的新零售方式。如果零售商和用户之间关系特别好，能得到更多的用户推荐，这也意味着可以降低市场营销成本。

2017 年 10 月，世界上第一个新零售公司——Stitch Fix 在美国实现 IPO，这家公司就是利用上述四大新零售战略来做新零售，它的上市无疑给我们一个启示：数字科技给我们带来了更多的企业家精神，更多的流程优化，更多创造商业奇迹的机会。

这是一个伟大的时代，企业家精神得到了前所未有的重视，大家获得了有史以来最大的创业机会，更重要的是，今天的中国代表了人类商业史未来发展最大的机遇。

II

打破边界：制造与零售的跨界融合

网易的社交零售观

袁佛玉（网易集团市场部总经理）

2015 年，网易开始进入实体零售，当年年初上线了网易考拉海购，目前它应该是最大的跨境电商平台；2016 年，网易上线了网易严选，这是和最好的生产商合作的自有生活电商平台；2017 年，网易在尝试社交零售。

表面看起来，这三年网易在做着不同的事情，但其实背后的逻辑是相通的，我们想专注地做好每一件事情。

一、电商发展趋势下的社交零售

在进入电商这两年多的时间里，我清楚地看到了一些业内迅猛发展的趋势。这些趋势主要表面在以下三个方面：

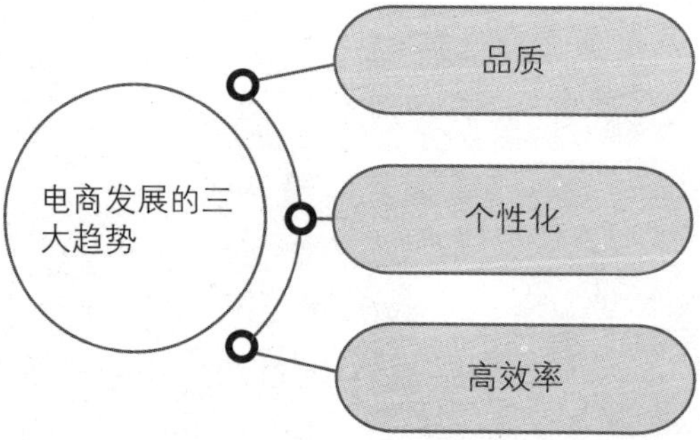

① **品质**

电商最核心的发展趋势是消费升级，在消费升级中摆在第一位的是品质。比如，当一个家庭的平均消费为3000元时，这个家里可能不会买太多比较好的东西。但是当家庭收入达到1万元时，这个家的主人可能就想要淘汰过去那些不好的商品。这就是消费升级的彻底性和迅速性。同时，这也体现了一种“断舍离”的生活理念，人们希望在能力之内买到最好的商品，而这种生活理念在时下是非常流行的。

② **个性化**

电商最明显的发展趋势是突出了个性化需求。越来越多的用户认为自己所选择的商品不再仅仅是一件物品，更是个人形象的一部分，也就是自己所选择的商品会体现自己的品位与身份象征。一件商品能不能彰显自我个性，成为消费者在购买之前一个非常重要的思考环节。

网易考拉海购在面世早期受到大家的质疑，很多人说网易没有电商基因。

但如今，网易在电商方面取得了不错的用户口碑。网易 2017 年的目标是 70 亿，接下来的发展速度会更快。这也正是得益于电商发展的趋势和环境，个性化需求促使网易开始尝试社交电商项目。

③ 高效率

电商发展的第三个重要趋势是购物效率变得越来越高，同时这也是对线下零售影响比较大的一点。

在这样的趋势之下，我们会发现社交和零售之间有很多事情可以做。用户在社交网络上花费的时间已经非常长，这是毋庸置疑的。事实上很多用户已经形成了用社交网络去做消费决策。比如，如果我们家里新买的地毯脏了，如何清洁呢？在以前，用户会通过搜索引擎或其他媒介来查找清洁地毯的方法。如今，一些真正追求品质并非常忙碌的用户，会倾向于到万能的微博或朋友圈直接提问，这样会更快地得到回复和推荐。

每个人每天都在动态地构建自己的社交网络。比如，你的朋友圈里有人频繁地发广告，你感到厌烦，所以屏蔽了他。或者有一天，你在朋友圈里看到一篇很好的文章，出于喜欢，你关注了发布这篇文章的公众号。我们每个人的社交网络是精妙的、针对个人需求的媒介环境。这也正好解释了为什么社交零售在今天这么火。

虽然目前还没有看到真正符合品质升级和未来消费需求的社交零售模式，但我们希望能够在品质、个性化和高效率这三个层面，重新建立社交零售的行业标准。未来的社交零售要能让用户在消费时更放心，用户在这个平台买到的是非常有保障的商品，能够享受好的售后服务和购物体验。同时，我们期待这样的社交网络让零售的参与者增值，你能慢慢变成社交网络的零售达人，你的朋友会认为你更懂货、更了解商品，而不是认为你每天都在朋友圈刷广告。

二、如何做好社交零售，树立用户和推手对网络的信心？

网易尝试社交零售是非常早的。早在 2015 年，网易考拉海购上线时，我就想做考拉的个人微店模式。但由于多种原因，以至于到今天这个项目才真正独立出来。在考拉和严选的发展过程中，我们其实是以非常微弱的市场投入获得了高于行业的成长速度。这两个业务社交带来的用户和消费占比都超过了 50%。如今，网易考拉海购有足够多、足够精致的商品供消费者选择，也有了很多对用户行为的了解，所以我们才独立出来去做网易推手业务。我们希望通过完全阳光的社交零售项目，树立用户和推手对网络的信心。

那么，应该如何做好社交零售，树立用户和推手对网络的信心？对此，网易尝试了以下两个方式。

① 以“品质、个性化、高效”切中社交零售核心

为了保持品质，网易考拉海购和网易严选的商品都来自大工厂，都是有品牌背书的。用户享受的是高标准的售后服务。

在个性化层面，网易考拉海购和网易严选本身是带有个性化定位的电商平台，在平台上售卖的是在全世界范围里的好商品。虽然大众用户对这些商品可

能并不是特别熟悉，但这样的商品在平台上占比高，销量的增长也非常快。

网易严选完全是我们自有定制的品牌，我们相信网易的媒体和内容能力可以帮助推手构建以个人网络为主体的媒介环境，用户也会成为我们社交第一层的发射器。

在效率层面，我们结合了网易在媒体、邮箱、电商业务上的很多消费数据和网易提供的后台技术能力，为推手提供了更高效率的服务方案。网易推手在2017年第三季度才正式上线，上线后很快就突破了日销百万的销售量。

② 建立一个正向驱动的社交网络

除了在品质、个性化、效率上做得努力，我们最重要的目标是更深入了解社交生态，帮助推手建立一个能够正向驱动的社交网络。目前尝试的时间比较短，因此我们希望和更多有想法的同行一起切磋，做出一个能够服务好消费升级下的用户的平台，同时也能够让更多有能力去选择商品、规划商品和推荐商品的同事，包括一些内容的生产者能够加入到生态环境里来。

重构线下体验

江明（沃谷农业董事长、果蔬好品牌创始人）

果蔬好成立于2011年，发展至今，也就6年多的时间。2017年，果蔬好的销售额度约10亿左右。无论从公司成立的时间还是销售规模上来看，果蔬好都谈不上传统意义上的“成功”二字。那么，为何果蔬好能够实现转型、拥抱新零售呢？我想这主要基于以下三个原因。

一是得生鲜者得天下。不管是今日资本的徐新，还是京东创始人刘强东，都在说“得生鲜者得天下”。如果说新零售还有最后一个堡垒的话，那就是生鲜。而果蔬好涉足的就是生鲜零售领域。目前国内生鲜市场规模大约在5万亿元左右，果蔬好刚好站在了有着万亿规模的生鲜风口。

二是线上生鲜待重构。虽然生鲜市场的规模能够达到5万亿，但线上份额最多占三成，剩下的七成则牢牢掌握在实体店手中。所以，电商一直虎视眈眈，希望能够拿下生鲜市场。然而，由于种种实际问题，目前全国3000家生鲜电商几乎无一家盈利。

三是创新模式。果蔬好是一家年轻的公司，与同类企业相比，它的成长速度较快。同时，果蔬好是中国第一家把生鲜和食品拿出来做超市的公司。在这之前，我们的超市大多是百货型和日用品型的，没有专注于生鲜和食品的超市。而果蔬好则创新了一个模式——生鲜食品超市。

我有必要向大家介绍一下果蔬好的发展路径和模式。

一、果蔬好的创立

果蔬好的第一家店开业于2012年6月16日。当时这家店在北京开业时，还引起了不小的轰动。因为当时我们租的店铺位于北京市的昂贵地段，仅店铺地面租金一平方米就要17块钱，这在当时来说是非常高的租金水平。当时很多人说沃谷农业用这么多钱租这么大的店面卖蔬菜水果，恐怕熬不过三个月就要关门。就连与我一起创业的几个合伙人，都不看好这一项目，纷纷选择离职。

虽然很多人不理解我的这一举动，但事实上，我决定开这家店并非一时冲动，而是做了大量的市场调查，所有的数据都显示这件事是可以做的。在这种情况下，果蔬好的第一个店开业了。在大家意料之外、在我意料之内的是：这家店开业时顾客非常多，甚至可以说是火爆。

都说创业是有原因的。我之所以要创立果蔬好，其实是源于两件很小的事情。2010年，我在杭大集团做汽车销售。有一次，公司要接待日本三菱的客人，于是我安排办公室的人在北京望京地区买一些好点的水果招待客人。结果，办公室的人把水果买回来后，我对水果的品质很不满意。当时我就想：“偌大的市场，怎么一点好的水果都买不到呢？”

后来，我又意外地发现一个现象：很多人开着奔驰到市场去买菜。我又想：“难道我们就没有高品质的产品和好的购物环境能满足消费者的需求吗？”

细微小事见大节。虽然这是两件小事，但通过这两件小事，我感到了一个巨大的零售市场正在向我招手。2011年元旦，在做了大量的市场调查后，我发现中国的消费需求无法得到相应的服务和满足。这也是为何许多中国人去日本购物的真正原因所在。这是中国面临的一个现实情况，不光体现在生鲜行业，这是前所未有的历史机遇。在这样的机遇下，我开始了创业。

需要提醒大家的是：我所说的历史机遇，不是要用各种概念、各种花样吸引人的眼球，而是说我们要真正地进行产业升级和技术升级。只有技术和产业升级了，我们才能生产出更多、更丰富的、高品质的商品，让消费者的需求得到满足。

中国未来的20年，我认为是技术升级的20年。未来的20年里，谁掌握了新技术，谁就拥有了市场。

在成立果蔬好前，我专门到农业种植区——山东寿光去住了一个月。每天，我都要去种植户家里看他们是如何种植西红柿、黄瓜、茄子、辣椒等蔬菜的。寿光蔬菜采用大棚种植，一家庭种植两个大棚。不仅是寿光，中国大部分的农业种植都是这种模式。

作为北方人，我特别喜欢吃西红柿炒鸡蛋。可我每次到市场上买的西红柿，回家都无法做出小时候那种酸甜可口的番茄汁，这是什么原因造成的呢？经过深入调查，我发现，造成这一现象的根本原因在于种植品种出了问题。现在市场上销售的西红柿品种大多来自欧洲，欧洲人吃西红柿是吃皮厚硬的，因为要做沙拉汁。而中国人吃西红柿炒鸡蛋必须要薄皮的品种。那么，为什么没有人愿意种植薄皮的西红柿呢？这是因为薄皮的西红柿不耐储运，它们在运输的过程中一磕就坏。商贩为了能够更好地确保商品外观、品质，就会要求农户种植欧洲的品种。

为了找回小时候的味道，为了满足更多中国消费者的需求，我创立了沃谷农业（果蔬好属于沃谷农业旗下）。沃谷农业做的第一件事情就是：做了350亩的蔬菜种植基地，种植的品种之一就是由我亲自选的西红柿。既然种了蔬菜，就要想办法把菜卖出去；要卖菜，就要开店。于是，我开了一站式超市，专门卖日常生活所需的食品。这就是果蔬好的由来。

二、果蔬好的零售模式

自果蔬好开店以来，我真正地看到了消费者的刚性需求是多么大。开店当天，人如潮涌，我们的店门几乎是被顾客挤开的。这就是中国的生鲜市场，一年5万亿的市场份额确实存在。

创业本就不是一件容易的事情。果蔬好在成立初期一直处于亏损状态。当时，种植西红柿的成本是5块钱，但我们却卖5毛钱一斤。这样的卖法，怎么能不亏损？蔬菜基地种了两年亏损达500多万。虽然表面看起来，果蔬好亏损得非常严重，但我却一点也不着急。我认为，我们必须要先积累客户资源和客户的信赖度。这样，即使我们将来把西红柿的价格卖到 8 块钱，消费者也能认可。

时光飞逝，如今我们已经有了巨大的消费群体，这些消费群体是果蔬好最忠实的粉丝。果蔬好的口碑在粉丝的口口相传里得到了提升。很多顾客把果蔬好作为每天必逛一次的地方，有的甚至每天逛几次。这就是果蔬好对顾客形成的影响力。基于消费者的认可和信赖，我们可以继续种植蔬菜。

中国生鲜 5 万亿的市场在哪里？我认为，这 5 万亿的市场是在顾客手中，而不是在电商手中。

三、电商只是一个概念

之所以有电商，是因为电子商务划分出电商和传统商业。电商和传统商业的区别在于：电商没有产业链。电商没有供应的产业链，就无法掌握商品服务。我认为，电商只是一个概念。

电商最大的优势是借助了互联网，让信息快速、高效、集中地传递。但是无论信息传递得多么快，我们还是需要供应商品。消费者在网上看到了商品，下单购买，但只有消费者拿到商品，整个销售才算完成。如果我们掌握了供应的链条，那接下来无非就是搭载一个互联网平台，让顾客能在上面下单。利用互联网工具，让销售平台能够实现信息更快更高效的传递，这是一件非常简单的事情。而能够把西红柿从种到销，却是一件不容易的事情。

新零售风口下的精品电商

高自光（小米生态链副总裁）

近几年，小米的很多产品，尤其是一行一行代码敲出来的产品，已经走进了中国的千家万户。今天，我主要是从技术方案和产品创新的角度和大家谈一谈新零售。

一、世界的重大变化

如今的中国乃至全世界有两个重大的变化。

① 第一个变化是物联网

中国的互联网始于 20 世纪 90 年代，发展至今，经历了三个阶段。

第一阶段：PC 互联网时代，即 QQ 时代。QQ 最大规模做到了一亿用户同时在线，也就是说，在同一个时刻可能有 1 亿人趴在电脑面前，上同一个网。

第二阶段：移动互联网时代。在这个时代，人们上网的途径从电脑转移到了手机，互联网用户的数量级也从 1 亿上升到 10 亿级。这使得我们原来很多的体验，比如上网浏览、交流、购物、支付，甚至是打车、坐车，都发生了质的变化。

非常庆幸的是，小米的发展赶上了移动互联网时代的大潮。借助互联网的风口，小米生产了智能机，从 0 做到了 7000 万，成为中国第一、世界第三。可以毫不夸张地说，小米的发展史就是移动互联网的简史。

第三阶段：物联网时代。在这一阶段，你会发现除了手机和 PC 之外，家里每一个设备，比如空调、冰箱、PM2.5 传感器、灶具、净水机、烟灶、微波炉等都在联网。与 PC 互联网时代和移动互联网时代相比，物联网时代在联网设备的数量上将会至少再高一个量级，进入百亿级时代。

比如，小米手机里的米 +APP，能连接不少设备。我们的房间内可能装有人体传感器、温度传感器、PM2.5 传感器等设备。当传感器检测到屋里没有人时，屋里的灯就会自动关掉。这就是物联网时代。

物联网的技术促进产品创新。现在我们谈新零售，往往会从产品创新上来谈。为什么呢？因为零售渠道。无论互联网、电商还是线下，都只是渠道。真正能够打动用户的还是产品体验。所以我们用什么样的办法能够创新，能够制造出新的高品质的、满足用户需求的甚至是革命性的产品，就是关键所在。事实上，物联网就是一个创新的手段。

② 第二个变化是消费升级

如今在中国，“80后”、“90后”、“00后”是消费主流。他们是物联网时代的优先体验者，他们所受的教育程度较高，对审美、品质的要求更高，而获取信息的不对称程度却较低，这就是消费升级。如今的消费者能够快速判断什么是好、什么是坏，如果零售企业再用廉价、低质的产品去欺骗消费者，无疑是自寻死路。

基于物联网技术的发展背景和消费升级这两大变化，给新零售带来了很好的机遇，同时也指明了前进的方向——创新。

二、小米的创新逻辑

小米有一款产品8H床垫，仅仅用了三年时间，销售额就达到了5亿人民币。这是怎么做到的呢？我们从产业链上游到下游实施全部整合，去泰国承包橡胶园，到国内做到最好发泡的技术，做成最好的床垫送到消费者手里。不仅如此，我们还要考虑到怎么运输才适应电商用户的需求。就打包的吸真空问题，我们团队专门研发了吸真空打卷的设备。就是这样一个小小的创新举动，在有品的零售平台上就卖到了1.5个亿。这就是典型的消费升级引发的产品创新案例。

再举个例子。如今市场有很多企业都在做插线板，但产品同质化非常严重——一个插线板，三个USB，49块钱。面对普通的插线板，大家有没有这样的困惑：墙边有一个插线板，桌子推过去，有一个墙缝，桌子就贴不到墙边。基于这样的用户体验，小米做的插线板非常薄，薄到桌子能够很好地贴到墙边。只有把产品做到极致，才有可能做到一年1000万只的销售量。这就是小米在产品层面创新的基本逻辑。

事实上，还样的案例不胜枚举。截至目前，小米已经投资了约100家生态链公司。小米投资一家公司，首先要看这家公司在自己的领域是否有独到之处。每家公司只做一个领域的产品，如果做不好，就要淘汰。为了让每家公司发挥最大的主观能动性，小米在投资时基本上都是占股不控股，很少有企业占50%以上，小米要求创始团队占60%以上，小米占一小部分。这样才能使得企业保持创新。这就是小米在商业模式上创新的逻辑。

小米投资的100家生态链公司，到目前为止发布的产品只有50~60个种类。为什么100家企业才做了50个产品呢？这是因为小米整个产品零售的特点是创造，小米很多产品的研发周期都比较长。比如，小米研发的扫地机器人，从投资到生产，用了整整两年半的时间；小米研发的150寸微距激光投影，从开始立项到真正发布，用了三年的时间。

之所以会用这么长的时间，是因为小米不是单纯的“买手制”，不是靠买手去中国最优秀的制造业企业里把原有的产品买进来，或者把别的产品买进来再改个LOGO。小米做的大多是创造，就是把产品品质“造”得更好。

关于如何“创”和“造”，我举个例子说明一下。

小米投资了一家生态链企业叫“花花草草”，该企业是做现代农业的，在昆明包了很多农场养各种各样的花。小米投资的第一个产品是智能硬件，把它插在花盆里，手机就会告诉你这盆花什么时候需要浇水、施肥、光照。这个产品看起来很简单，就是温湿度传感器、肥料传感器和光照传感器的组合。实际上，它要知道不同花的需求，比如绿萝、小玫瑰、仙人掌的生长需求肯定不一样。这就需要利用物联网技术，在云端和服务器端储存各种各样花卉的不同需求。当你把花插在盆里，我们的产品就会告诉你这种花需要怎么养。

这个产品是在互联网技术和数据技术基础上的创新，它已经达到了全新的竞争维度。我们把新的技术和传统制造业相结合，会带来无穷无尽创新的可能性，而这些可能性就是新零售的未来。

三、小米的精准电商

如今的小米已经有6000万台设备联网，这几乎是全世界最大的智能设备联网平台，也就是在消费者领域里最大的物联网平台。那么，6000万~8000万台设备连在一起能做什么呢？这就意味着当屋里没人时，会自动关灯；屋里空气不好，传感器会自动打开空气净化器……通过这样的网络连接，我们拥有了海量的数据，这些数据可以覆盖大半个中国。

有了如此海量的数据，就意味着有了大数据下的精准电商。2017年4月6日，小米上线了新的精准电商——有品，通过用户购买的小米产品来检测用户家里的情况，进而实施精准营销。比如用户购买了小米风扇，风扇里的湿度传感器会检测出用户家里的湿度特别低，这时用户显然就需要一个加湿器。这个需求我们可以第一时间知道，并精准地向用户推送。这就是精准电商。直白地说，就是用户需要什么，我们就做什么。

小米刚开始做智能家居时，我们是非常迷茫的，因为几乎没有任何一个用户需要全套的智能家居。这时，我们只能从做好每一个精品开始，一个一个地走向用户家庭。在做智能家居的过程中，我们从一个个智能硬件延伸到耗材、设备、智能硬件本身开始向耗材和生活周边的领域延伸。比如，用户购买了小米的空气净化器以后，净化器的四级滤芯到期之后，它会自动告诉用户需要更换滤芯。只要得到用户的确认，有品电商就会送货上门。

四、小米的新零售模式

有一段时间，网上很多人说小米是“杂货铺”，为此雷军备感压力。事实上，小米一直很专注，几乎所有的人都在做手机，所有的营收也都是手机。为什么大家会说小米不专注呢？这是因为大家对小米的模式不够了解，小米的“杂货铺”来自 100 家生态链企业，小米把各种各样的硬件研发、制造、跟踪全部交给生态链企业，每家生态链企业只做一个最好的产品。而小米只做最核心的物联网系统和品质审核。这就是小米新零售的模式。

很多人不理解小米是什么，下图便是对小米最好的诠释。

小米起身于硬件，只有手机，电视、路由器三个产品是小米自己研发的。2017 年，无论是手机还是智能硬件，都呈爆发性的增长。小米手机的出货量大约在 1 亿左右，比上年同期增加了 70% 左右；小米电视的出货量比上年同期增长了 100% 以上。

纵观小米的新零售体系，从最早自营的电商、小米网，扩展到京东、天猫全网电商，再到现在全国轰轰烈烈正在建立的小米之家，最后到有品。截至目前，小米之家有近 300 家门店，平均两家门店每年的营业额在 6000 万左右，这样的业绩在零售行业中还是不错的。

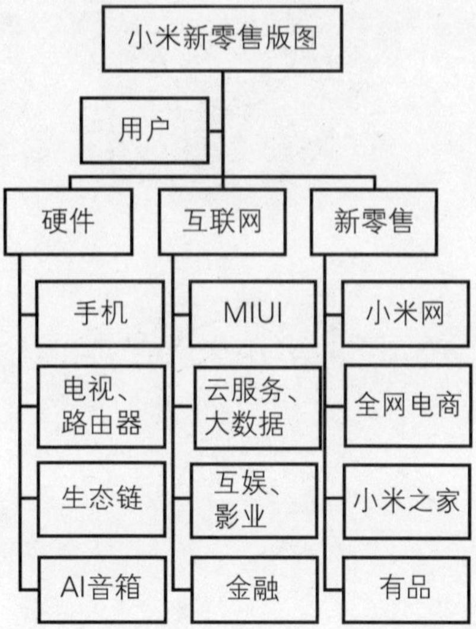

小米一直在积极不断地探索新零售。如何做到线上线下同价、线上线下一体化？如何控制好线下用 6%~8% 的成本，也能维持运转？这些都是需要去尝试的。小米之家在早期的开店速度为何如此慢？就是因为我们一家一家地尝试，慢慢摸索，才有了目前接近 300 家门店的规模。

下图是小米整个新零售体系的漏斗，有品处于最上层，小米不是一个大电商，最多也就 1 万 ~2 万 SKU。我们希望做到每一款产品都是精品和爆品。就像我们做空气净化器、加湿器、电饭煲、充电宝一样，每一款、每一个 SKU 都能形成足够多的量，让大家认可。这样无论是从产品质量、供应链、生产成本，都能实现很好的控制。

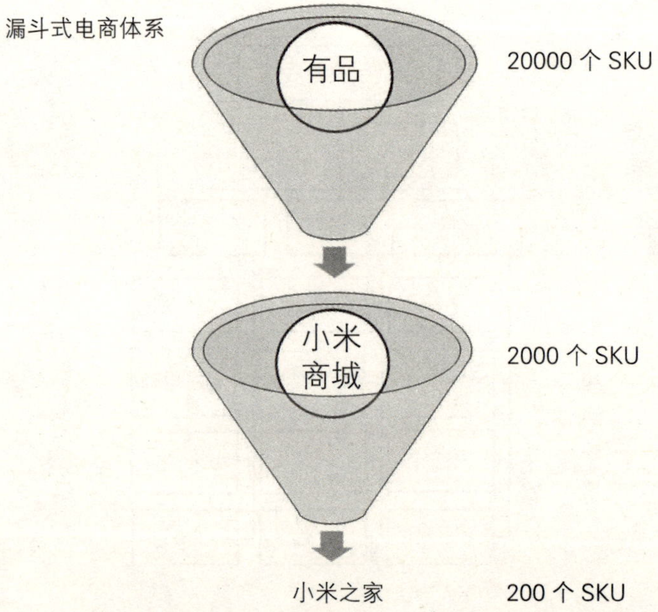

试想一下，一个产品，做 100 万台和和 5 万台，它的成本和质量肯定会有所不同。在制造业，如果一个产品使用人工生产 5 万台，那么是无法做到的。但小米的空气净化器可以做到几百万台，就是因为小米采用的是手机工业的技术，生产全部都是机器人。这样不仅减少了成本，还提高了产品质量。这就是小米的新零售体系对整个制造业的改变。

雷军最大的梦想是改变新国货。要做到这一点，就要用最高的效率做价格公道、感动人心的产品。但价格和质量，往往不是一个恒等式。质量好了，价格就要有所提高。那么，如何利用合理的价格做到足够好的产品就是一个最大的问题。

小米就是采用上图的新零售体系漏斗来做的。小米先通过有品做 2 万个 SKU，然后从这 2 万个 SKU 里挑选出 2000 个进行定制，挂上小米的品牌，然后进入自营店、小米商城和小米之家。

具体来说，这个模式分为两类：一类是生态链企业；另一类是第三方企业。首先是小米公司已有的生态链企业。比如 90 分，依照我们的标准严格定义了文化周边。然后小米开始引入优质的第三方企业。

这个模式和淘宝电商 C2C、淘宝电商 B2C，京东自营 + 淘宝的形式有所区别。为了维持小米用户对我们的一贯信任，我们采用的是比较深度的介入。小米的电商买手团队里有一个很专业的工业设计团队，这个团队负责人是索尼工业设计的前总监，在小米主要负责工艺设计。在加入小米团队时，他问道："电商销售团队需要这个吗？"我说："需要！"小米的很多产品都是需要发起外观设计，进行全环节的介入，才能出售给用户。

今天的新零售时代，其实是有两方面的因素：第一是产品本身；第二是渠道。渠道和产品都同样重要，只有把这两个都做强了，才能实现新零售。

五、小米的价值观理念

小米的价值观是：做价格公道、感动人心的产品。如何做到这一点呢？用几个条件总结起来就是“三高”。

① 高性价比

高性价比是用户对小米最高的认知。然则，要坚持高性价比是一件并不容易的事。“性价比”听起来容易，但要坚持住，特别是在有钱赚的时候坚持住，是非常困难的。当一个产品没钱赚、卖不动时，便宜一点无所谓。但一个产品有钱赚、卖得很好时，要坚持“高性价比”，就有些困难了。

试想一下，如果有 100 万台手机，售价 4000 元人民币每台和 8000 元人民币每台之间的差别是 40 亿人民币。这样大的诱惑，往往让人难以抗拒。而小米真正抵挡住了诱惑。小米从成立至今，一直坚持“高性价比”的价值理念。

② 高品质

小米是一个非常年轻的公司，小米的员工也很年轻，它使得我们在创新性和对科技的追求上很高。很多人都很好奇，我们是如何把 WI-FI 联网装在电饭煲里的。这是因为我们是一帮无畏的人，因为没有做过电饭煲，就觉得电饭煲可以联网，可以知道它的气压、海拔。但如果你本来就是做电饭煲的，你就会觉得这肯定不靠谱。这就是小米对品质感和科技感的追求。

③ 高颜值

小米生态链上的产品都维持着统一的风格。小米有一个非常强大的工业设计团队，小米的七个创始人里有两个是学工业设计的，他们对颜值的要求是非常高的。这就造就了小米的高颜值产品。

高性价比、高品质、高颜值共同形成了小米的价值观理念，同时也形成了用户对小米的认知。这样的认知让小米成为用户充分信任的电商渠道和线上线下一体的渠道。

比如，小米在“有品”上了一个特别有意思的渠道——小米众筹。我们会挑选一些新颖的产品做众筹，试探一下用户对我们产品的认可程度。让人意想不到的是，小米众筹创造了很多记录——七天内卖了66万包纸巾、1万张床垫、18万条内裤。乍一看，这些产品很普通，没有任何科技感。事实上只要能上小米众筹的，就一定有它的特殊之处。比如纸巾它是竹浆做的，很有环保的理念。

前几天，小米众筹上架了一款石头扫地机器人，仅仅三个半小时，所有备货都卖空了，销售额达到1000多万人民币。这就是用户对小米品牌已经初步形成了绝对或者相对的信任。这和我们始终坚持“三高”的价值观理念有着很大的关系。

对于小米的未来，我们制定一个小目标：两年做到100亿。新零售增长的速度如此之快，如果每年不能维持100%的增长，那么就很有可能会被淘汰。小米的目标其实很简单：做极致产品的用户体验，拓展到除手机、智能硬件、电视之外的更多领域，让中国乃至全世界都有小米的“三高”新国货。

艺术和美食，不能“饿”搞

林依轮（饭爷品牌创始人）

自从2016年马云在云栖大会分享了他关于“新零售”的理念后，国内掀起了对新零售讨论的热潮。新零售这个对普通人来讲稍显复杂的词汇，不同人的理解也有所不同。事实上，关于新零售的定义，至今还没有盖棺定论。

新零售在经过一年的预热后，也迎来了新的契机。借着新零售的风口，一些大平台和品牌都“飞”起来了。那么，到底什么才是新零售呢？

一、什么是新零售

对于新零售的概念，我把它理解为应需而生。也就是为了迎合消费升级，帮消费者解决全天候、全渠道、全方位的商品与服务新模式。新零售的核心是让消费者更满意。

回顾饭爷这一年多的品牌经营，无论从产品还是从营销上来说，都是在坚持做让消费者更满意这件事。要做新零售，就要不断地满足消费者的升级需求。饭爷所在的调味品行业，看似平淡无奇，但却包罗万象。既然踏进了这个行业，我们就是要在这个行业里扎根，做出满足消费需求的品牌，然后用品牌产品进入现代人的生活。从某种意义上来说，我们做的不仅仅是一个普普通通的调味品。

二、产品是新零售体系的基石

吴晓波老师曾经说过这样一句话："零售要回归产品本身。"事实上，饭爷由始至终都在坚持做产品。我坚信，有了好产品，有了好品牌，才能做到与众不同。

商业的本质是产品，产品永远是零售业的主要内容。不管现在的"新零售"喊得多么响亮，它总归还是零售。既然是零售，就不能脱离产品。产品是整个新零售体系的基石。

饭爷的第一款产品叫"松露油杏鲍菇辣酱"。我在制作这款产品时，用的是意大利原产地的杏鲍菇。我在用品质和口感向消费者传递一个信息：食品安全、健康。我之所以做高品质的产品，是在表达对食物的尊重，也是我对生活态度的一种表达。

用一句比较流行的话来说：我卖的不是酱，是生活。我在做酱的时候，想的更多的是艺术和生活。在我刚开始做松露油杏鲍菇辣酱时，我没有把它当作一件商品去对待。如果我要做一个商品，就要找策划公司、广告公司来做策略和市场分析。这样的做法是我不认可的。我认为，要做好零售，就要先做好自己的产品。当我做好第一款产品时，还没有定价。直到我们准备进入电商去销售时，才根据商品所用的产品、原材料，定了一个价格。

事实上，不管我们做什么产品，小到曲别针，大到飞机大炮，背后都有它的故事和文化基础。即使饭爷做的一款普普通通辣椒酱，关于辣椒也有它自己的故事：辣椒从明代经海上丝绸之路、陆路丝绸之路进入中国，到清朝中期已经是有长足的发展。我们现在吃的油豆豉辣酱就是从清代传下来的。

我的松露油杏鲍菇辣酱是用七种辣椒做出来的。很多人对辣椒不了解，并不是说每一种辣椒都是一个口味，辣椒也是有分工的，有负责出红油的，有负责出辣度的，有负责出香气的……我以前从来没有做过辣酱，对如何做辣酱没有任何基础，但通过文化对食物的认识，我按照民间的配方重新把这个产品做出来了。这就是我对产品的重视，更是对艺术、生活、对中国博大精深的美食文化的传承。

三、跨界互联

有了好产品还远远不够，我们还要在产品中寻找新的突破点。通俗地说，也就是解决如何让消费者第一次购买你产品的问题。

我是一个歌星，所以是有 IP 属性的，但 IP 的流量转换其实很难。我们在打造一款产品时，更多的是通过连接文化、艺术、美食等，多方面、多维度地去做这件事情，去表达一种生活方式。我们通过服务提高大家的生活品质，用这样的态度传达自己的品牌信息，继而让消费者为我的产品买单。

诚然，我们的品牌还处于发展阶段，在刚开始推广产品时还需要借力。那么，如何借力呢？要想成功借力，就需要跨界。所谓跨界，就是与有共同价值的人在一起，面向消费者共同发声。在这里需要注意的一点是：跨界的步子不能迈得太大，如何做到游刃有余，是值得我们去思考的一个问题。不管做什么事情，我们都需要思考，不能看别人做什么或者有什么热点，我们就去蹭热点，这样做的结果可能是一事无成。

饭爷有一个跨界产品是和故宫博物院合作的。很多人可能要问：和故宫博物院合作能够做什么？当然是食品。故宫里对吃可是很讲究的，要不然也会有"满汉全席"一说。我们和故宫合作的第一个产品是一个礼盒，里面包括了饭爷的辣酱。

通过与故宫博物院的合作，可以迅速地让很多游客认识饭爷的产品。在故宫冰窖为这款产品做首发时，我把 1 号和 2 号捐给了芭莎慈善夜进行拍卖。最后竞拍的是于谦老师，无形之中对这款产品起到了很好的传播作用。接下来，我还会和故宫合作开发更多的产品，打造真正的联名产品。

不久，饭爷将会推出一款宫廷黄鸡酱。为何叫"宫廷黄鸡酱"呢？是不是和故宫博物院合作就可以取这样的名字？当然不是！这与一个故事有关：

李鸿章当年进贡慈禧太后一只鸡，太后吃后非常喜欢，从此只吃这一种鸡。1983 年，首隆说要把这种鸡培育出来，让百姓也能吃到以前宫廷讲究的食品，于是费尽千辛万苦把这类鸡培育出来了。为此，他专门邀请溥仪家族的人为这类鸡题了一个词——宫廷黄鸡。我制作的这款酱就是用这类鸡做的，所以才叫“宫廷黄鸡酱”。

当然，由于这类鸡的名贵，造成这款酱也比普通的酱要贵一些。但请大家思考一下：如今什么都在升级，那么为何我们的生活品质不能升级呢？我们穿的衣服、用的电器都在不断地升级，为什么吃的不能升级呢？如果把我的酱与普通的酱进行对比，大家都会认为饭爷的酱要稍微贵一些。可是我认为，产品的原材料和背后的故事才是我们需要去认知的。

饭爷与品牌进行的跨界互联示例

上图是饭爷与一些品牌进行的跨界互联。其中颇有意思的是与杜蕾斯进行的跨界合作。一说到杜蕾斯，大家首先想到的是“污”。事实上，“污”和杜蕾斯并没有什么关系，这是许多IP和大V为了蹭杜蕾斯的热点杜撰出来的。那么，饭爷是如何与杜蕾斯进行跨界合作的呢？

杜蕾斯的品牌联想是年轻、有主张，具有传播性和社交属性，而这样的人群恰恰也是饭爷的目标人群。那么既然有共同的消费者，为何我们不能共同发声呢？基于这样的理由，我们与杜蕾斯、大众汽车（后来参与进来）合作共同制作了一个中秋节礼盒。

当这个产品出来后，立刻引发了许多人的关注。通过这样的跨界合作，让饭爷品牌有了互联网的社交属性。大家都在说饭爷是一个网红品牌，这在品牌建立初期是可以接受的。但度过这段时期，我要做的就不仅仅是“网红”。2016年，饭爷销售额达到2000万。从2016年5月11日上线，至今为止已经翻了3倍。这样的发展说明饭爷已经不单单是一个网红产品，而是从社交网络流出来的品牌。

2017年，饭爷产品参加了一个有关汽车节的时尚嘉年华。大家会想汽车节和辣酱有什么关系？当然有关系。不管什么样的嘉年华都避免不了吃吃喝喝，既然联系到吃，就可以卖辣酱。再者参加汽车嘉年华的人大多是年轻人，这也是品牌需要抓住的一类人，那么何不直接向年轻人发声呢？事实证明，我做对了。这次嘉年华上，饭爷的产品卖得非常好。

在做推广产品时，我没有想着去做传统的广告推广，而是通过跨界互联的方式，让更多的年轻人知道饭爷的品牌和产品。

四、做好产品，创新营销玩法，最终是要连接商业

当我们做好产品，创新营销玩法，最终是要连接商业。所谓连接商业，就是把文化和商业联合起来，也叫“文创”。就像上面我说的那样，任何一个品牌的背后都有它的文化故事。现在很多人都在说“站在风口，猪都能飞起来”，我想说，我不要做那只风口上被吹起来的“猪”，我要做一个有思想的前进者。

在大家都在热议“新零售”时，其实最大的受益者是品牌。因为线上是一个购买的入口，大家在某处看到广告或内容时，就会在线上看看是否有货。而线下是极致的体验，这会让消费者对品牌和产品有深刻的认知。这也是新零售为何如此火的原因所在。

通过上面的一系列做法，饭爷已经形成了自己的品牌影响力，所以接下来饭爷要做的就是：通过新零售这个风口更深入地推动自身的销售。

比如，在 2017 年 6 月，我做了一个小龙虾主题的饭爷家宴，当时的观看人数达到 1000 多万，引爆了线上线下的销售。这就是我说的内容即广告，广告即内容。通过这次家宴，盒马鲜生也关注到了饭爷，并且要求与饭爷合作。于是，饭爷全线进入了盒马鲜生的五城十店里，盒马鲜生还专为门为饭爷品牌提供了一个 APP 的开机屏广告。

盒马鲜生是一个对产品要求极其苛刻的零售企业，它要求每一件产品都要有完美的大 IP。所以饭爷和盒马鲜生的合作是战略级的，因为饭爷的品牌符合盒马鲜生服务客户的需求和要求。

同时，果蔬好也明确向饭爷表示，果蔬好的 2000 万粉丝将成为饭爷的粉丝，未来果蔬好的 2 亿粉丝也将成为饭爷的粉丝。因为我们有着共同的服务对象、共同的理念。所以我特别期待果蔬好这艘大船无论开到哪里，都能把饭爷带上，因为这就是品牌助力我们出海巡游最好的方式。

说到这里，我想跟大家再谈一谈调味品行业。对于这一行业，很多人都认为这个行业不需要消费升级。在大家传统的观念里，认为一瓶酱油醋也就几块钱的事，不可能再涨价。但请大家思考一下：如今物价飞涨，几块钱的酱油能保证品质吗？或许你吃的酱油不是酿造的，而是化学调制成。但饭爷做的酱油却是真实酿造而成，是有品质保证的。饭爷今天走的每一小步，有可能都会是调味品这个行业的一大步。

看到这里，你或许会说：林依轮又在得瑟自己的品牌了。表面上看我确实在为自己的品牌做广告，事实上我是把内容做成了广告，把广告做成了内容。作为一个品牌人，我时刻都要推广我的品牌。如果我把自己的品牌藏着掖着，那么可能我的品牌真的没有做到位。但张扬也是有度的，有时候过分地说自己的东西有多么好，人家会烦你。

饭爷在进入到调味品战场时，乘坐的第一辆马车是：产品即营销。接下来，我们要跨上的第二辆战车是：跨界互联、合作共赢。同时借着新零售的风口，我们又将踏上拥抱新零售的战车。对于饭爷的未来，将会有很多可能性等着我们。

饭爷做的不是一个普通的调味品，它是一个新物种，是一种生活方式。

III

经营变革：实体商业的管理进化

优衣库的线上线下布局

内田文雄（优衣库全球 VMD 原总监）

优衣库从日本山口县宇部市这样的小城一路走到现在，成为全世界人们所钟爱的品牌，整整用了 38 年。在优衣库里，有一句口号被广为传颂，这句口号是：为人们提供极其舒适的服装。这句口号并非是空喊，而是整个企业从上到下形成的企业文化，它贯穿于企业发展的每一个阶段、每一天，它就好比是启明星，为企业指明了发展方向。

在实体零售被电商冲击的情况下，优衣库却能逆市飞扬，成为在日本乃至全世界瞩目的一流企业。不得不说，优衣库成功的零售经验、经营理念、企业战略，都是值得企业借鉴的宝贵财富。

下面，我将分三个部分来向大家介绍优衣库的零售经验、经营理念、模式、企业战略等等。

一、优衣库 2017 年度业绩展示

优衣库 2017 财年 (2016 年 9 月 ~2017 年 8 月)，期内综合收益总额约人民币 1092.59 亿元，较上年度增长 4.2%；净利润约 202 亿人民币，同比跃升 148.2%。营收和净利润均创下历史新高。

海外优衣库营收约 413 亿人民币，同比上涨 8.1%；经营利润约 45 亿人民币，同比暴涨 95.4%。大中华区、东南亚及大洋洲区表现抢眼，在美国的经营亏损与上年同期相比减幅近半。

＜参考资料＞关联对象各公司开闭店　业绩与预测

【单位：店铺】	16 年 8 月期	2017 年 8 月期（2016/9~2017/8）业绩				2018 年 8 月期（2017/9~2018/8）业绩			
	期末	开店	闭店	纯增减	期末	开店	闭店	纯增减	期末
UNIQLO 事业合计	1,795	176	51	+125	1,920	207	50	+157	2,077
日本 UNIQLO 事业	837	23	29	▲ 6	831	30	30	0	831
直营店	798	21	29	▲ 8	790	–	–	–	–
大型店	205	10	6	+4	209	–	–	–	–
标准店等	593	11	23	▲ 12	581	–	–	–	–
FC	39	2	0	+2	41	–	–	–	–
海外 UNIQLO 事业	958	153	22	+131	1,089	177	20	+157	1,246
中国	472	90	7	+83	555		–	–	
中国香港	25	0	0	0	25	100	–	–	–
中国台湾	63	3	1	+2	65		–	–	
韩国	173	13	7	+6	179	7	–	–	–
新加坡	24	1	1	0	24		–	–	
马来西亚	35	6	0	+6	41		–	–	
泰国	32	2	0	+2	34	40	–	–	–
菲律宾	32	8	0	+8	40		–	–	–
印度尼西亚	9	3	0	+3	12		–	–	
澳大利亚	12	1	1	0	12		–	–	
美国	45	4	5	▲ 1	44	10	–	–	–
加拿大	0	2	0	+2	2		–	–	
英国	10	0	0	0	10		–	–	
法国	10	9	0	+9	19		–	–	
俄罗斯	11	9	0	+9	20	20	–	–	
德国	3	2	0	+2	5		–	–	–
比利时	2	0	0	0	2		–	–	
西班牙	0	0	0	0	0		–	–	
全球 BRAND 事业合计	1,365	81	72	+9	1,374	81	30	+51	1,425
GU 事业	350	41	19	+22	372	49	–	–	–
Theory 事业	530	30	22	+8	538	25	–	–	–
COMPTOIR DES COTONNIERS 事业	348	8	23	▲ 15	333	6	–	–	–
Princesse tamtam 事业	137	2	8	▲ 6	131	1	–	–	–
总合计	3,160	257	123	+134	3,294	288	80	+208	3,502

优衣库开闭店的业绩与预测情况

上图是优衣库开闭店的业绩与预测情况。最上面是日本优衣库的事业板块，接下来依次为海外优衣库事业板块、其他全球品牌事业。中间框出的部分是2016年9月~2017年8月的时间段里，优衣库开店及闭店的相应状况——优衣库开店数量达到837家，其中中国有555家。这意味着中国店铺数量已经成为继日本之后的第二个市场渠道。

优衣库2017年在大中华区的营业额为217亿元，较上年同比增幅4.1%；营业利润为32亿元，较上年同比增幅37%。这个数字占据优衣库整个销售业绩的20%，是全集团利润的30%。在优衣库的三个板块中，海外板块占50%。也就是说，整个海外板块里有70%的利润是由中国创造的。这就意味着，对于优衣库来说，在海外事业里最大的利润是由大中华区创造的。

为何优衣库在大中华区的业绩会如此好呢？

首先，这源于优衣库品牌的长期渗透，优衣库通过不依赖折价的生意模式提升利润率；其次，优衣库借助“采购PJ”，成功削减经费。中国大陆气候差异性比较大，优衣库根据不同差异性来构造商品的结构；然后，单店经营贯彻，优衣库在全世界各地的店铺全都是统一货品的结构投放。在这样基本构造基础上，我们承认不同店铺的差异性，把很多单店的差异性部分交由单店店长进行调节。在这里需要特别注意的是：经费控制的重要性，不管营业额取得多大成效，如果成本没有控制好的话，利润下降也是不行的。

优衣库在中国有一共645家店铺，其中台湾有65家店铺，香港有25家店铺。每年开店的数量还会不断进行更新，计划到2021年时，优衣库在大中华区的数量要达到1000家。

那么，优衣库将如何推进这1000家的开店数量呢？

答案是通过整合实体及虚拟店铺，以扩大顾客层取得新的成长。也就是说，我们在确保现有实体店不断发展的同时，对虚拟店铺、线上电商EC部分投以足够的部分，从而实现O2O融合。未来，优衣库计划将电商比例从现在的10%强化提升到30%。这是优衣库的战略目标。当然，除了线上之外，依衣库对线下的成长也是非常重视的。优衣库是想强化线上的同时，在线下挑战一些比较困难的做法和模式。

优衣库的成长战略是：计划通过五年的成长，使营业额达到625亿元，营业利润达到125亿元。对于这一成长战略，基于优衣库在大中华区的品牌知名度和消费者信赖度，我相信会成功的。

二、为什么优衣库能取得成功

对于优衣库为何能取得如此的成就，我认为主要源于以下四点：

① 优衣库的经营模式——SPA模式

谈到成功的原因，其背后隐藏着优衣库的一大撒手锏——无国界的SPA经营哲学。

SPA模式，即“specialty retailer of private-label apparel”，意思是自有品牌服装专业零售商。也就是说，服装企业拥有自主品牌，从设计、生产到零售一体化运营。优衣库根据对消费者需求的分析，自己设计、自己生产、自己定价，通过自有商场直接销售。虽然这一模式的工厂还是外部的，但优衣库可以对它进行技术掌控，不断把专业人员安排在工厂里，对所有的环节和进程进行管控。

在没有 SPA 模式之前，优衣库是利用设计功能对 SCM（供应链管理）进行管控。通俗地说，就是委托外援以供应商的方式提供商品给我们。这种模式的弊端是造成商品质量的不稳定，所以优衣库在前期没有取得很好的成就。

后来，经过反复摸索，优衣库创始人柳井正找到了适合优衣库的 SPA 模式（自有品牌专业零售商经营模式）。“SPA 模式”也因此而成为优衣库的一剂强心针，从而开创了一个全新的优衣库时代。

SPA 模式的作用体现在以下三点：

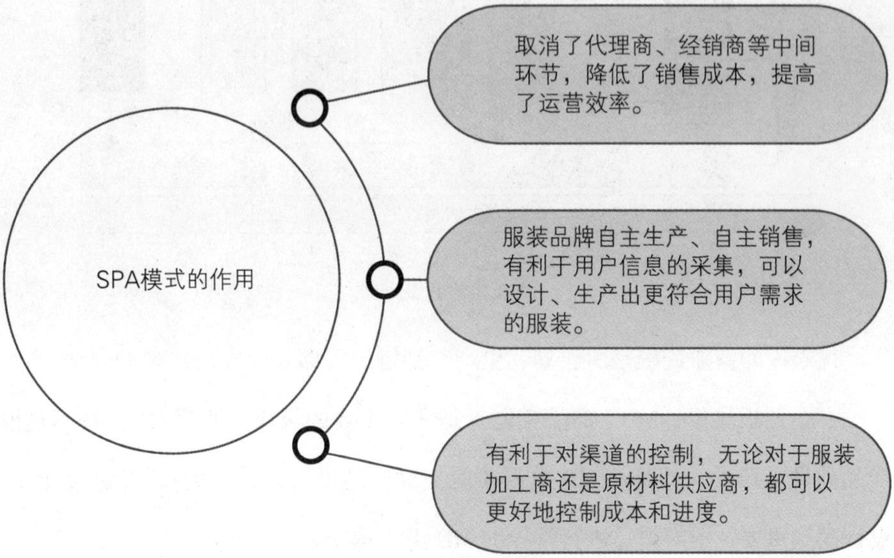

SPA 模式的三大作用

毫不夸张地说，SPA 模式是优衣库成功的有力保证。

② 优衣库的商业流程

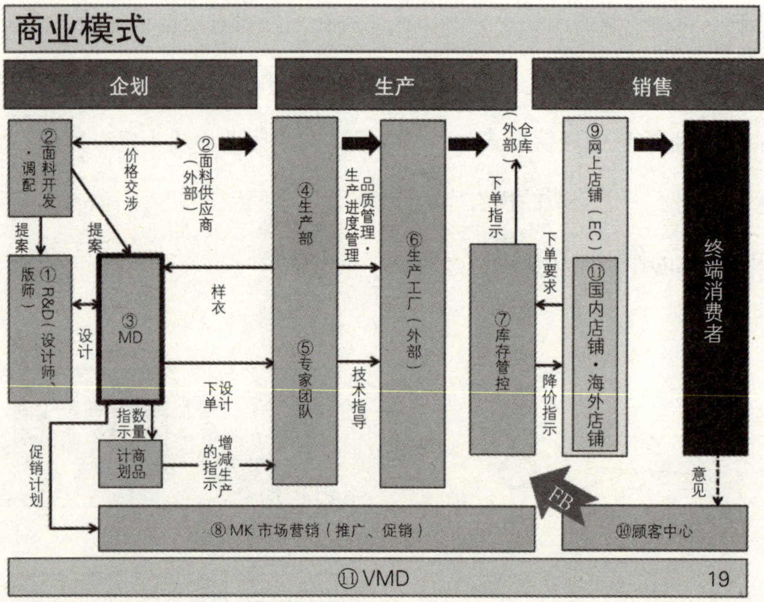

优衣库的商业流程

优衣库的商业流程是由企划、生产、销售三大部分构成，共有 11 个环节。

在企划板块里，MD（商品企划）是非常重要的板块。所谓 MD，并不是说产品的设计研发，而是从 MD 数据角度上对商品进行管控。优衣库认为，商品设计固然重要，但对设计进行管控的 MD 更为重要。

在生产板块里，包括外部的工厂和专家团队、技术创新团队每周会到不同的工厂里进行专业的技术指导。在过去的七年时间里，虽然我是 VMD（商品企划视觉化）总监，但我要不断地对商品提出需求和意见。商品、售卖方法、卖场一环扣着一环，谁也离不开谁。

在销售板块里，优衣库最重要的是和消费者进行沟通，听取顾客的意见。在这方面，做得比较好要数 ZARA，但如今优衣库也做得非常扎实。

③ 优衣库的卖场呈现

优衣库的卖场呈现刚好是我负责的主要环节，也就是 VMD。因为 VMD 是没法对业绩做出贡献的，所以很多企业的 VMD 只是限于把店铺做得漂亮一点。对于这一点，我是不认同的。只是把店铺做得漂亮没有任何意义，漂亮只是瞬间的视觉效果，它也许能够延续一周的时间，但过了这个时间，它就无法对销售起到根本性的作用。

为何这么说呢？这是因为如果你的商品不进行改善，你没有明确推广的商品和呈现的售卖思路，再漂亮的店铺也是没有任何意义的。即便如今我是 VMD 的专业人员，但在企业里我首先会从售卖思路着手。这也是优衣库这几年一直在做的事情，对优衣库的成功起到了关键作用。

④ 优衣库的商品类别

下图是优衣库的商品类别。

。

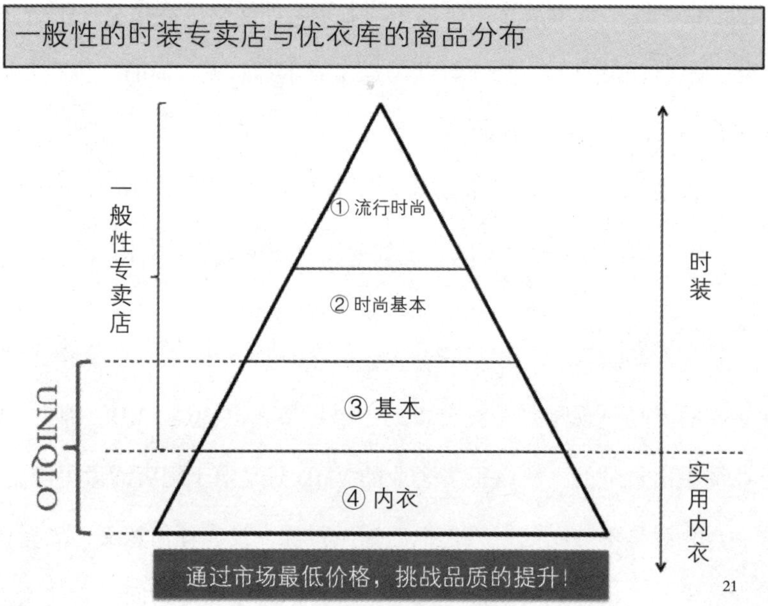

优衣库的商品类别

提到优衣库，大多数人都会认为它不是很时髦。与 H&M 和 ZARA 相比，优衣库的时尚性确实不高，这主要源于优衣库的商品战略部署。H&M 和 ZARA 主要着眼于外衣部分，对于内衣部分，它们也会适当地做。而对于优衣库来说，在整个商品板块里就做内衣和外衣就可以了。这也就是说，优衣库在一开始就明确了自己要走的路，在以后的发展中是不会轻易跑出这个范围的。

话虽如此，但作为时装类别来说的话，服装的时尚性还是需要有一些的。为此，优衣库也和世界上很知名的设计师进行跨界合作，试图让舒适的衣服也能时尚起来。但从总体来说，这样的尝试并不会改变原本的初衷，这是优衣库非常擅长的优势部分——通过市场最低价调整品质的提升。

⑤ 核心经营规则：参与

优衣库的成功，最核心的经营规则是以下三点：

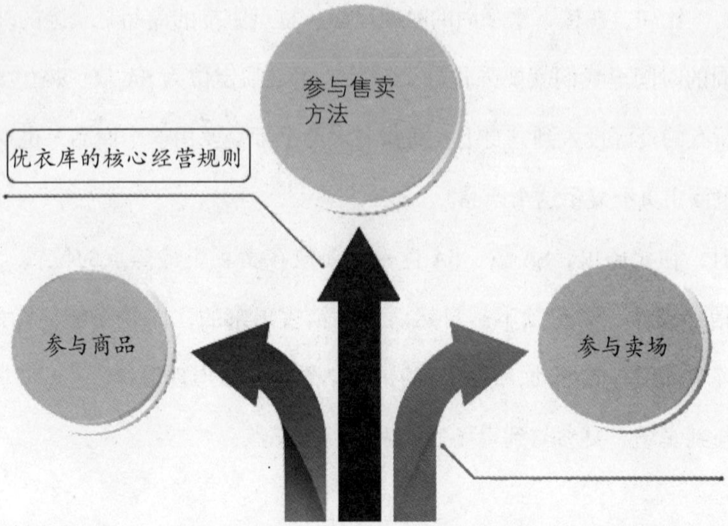

这一规则不仅仅适用于服装行业，其他行业也应该坚守这样的规则。下面，我将对这三点进行详细的讲述。

参与商品。要参与商品，要经常在头脑中做假设，假想卖场应该如何呈现。优衣库对一些欠缺的单品、货品的提案以及商品企划设计的工作，都会要求各个部门参与进来，一起提升企划力。设计师进行产品设计开发，这是理所应当的，但其他部门则可以从其他角度提出不同的需求和意见。优衣库有一个信息共享体制，在每周固定的时间里，都会由店长以邮件的形式对产品改善和产品的需求提出要求。

参与售卖方法。要参与售卖方法，首先要对主力商品，SA款、SA色相明确的产品进行搭配。所谓SA款、SA色，就是爆款的概念。根据经济学ABC分析法明确重点主推的商品，它是以单品为中心搭配填出来，然后落在推广、促销活动上。比如，在接下来三周的时间段里，重点主推的商品是我穿的外套，接下来三周的时间里我们就要强化这个单品。主推款定位为SA款、SA色的级别，就要把所有的资源投入到它身上，海报和大片上都是要用这个商品，也要在店铺橱窗和电商主页上显示这个产品。

同时，在卖场里，SA款、SA色一定要放在卖场里最焦点的位置。优衣库一直坚信：爆款、畅想款不是自然而然地销售出来的，而是由前面做好计划，由各个环节部门一起推动，带来好的销售结果，才会出现爆款。

参与到卖场。要参与到卖场，要做到以下三点：

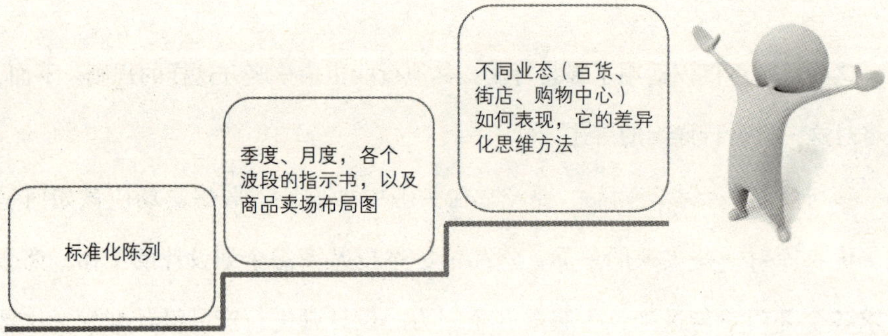

参与到卖场的三个要素

这三点的意思是说，当我们明确了要卖什么商品后，要在卖场里呈现，得有一个明确的思考。优衣库一直非常重视计划工作，当我们不断精细化计划之后，就开始执行。把计划执行完之后，会发现需要修正的，从而进行不同的调整。

我之所以详细地介绍这一部分的内容，是因为这是优衣库取得成功的关键部分。在优衣库，用什么商品，什么售卖方法，如何在卖场中呈现，这样的方针战略是非常清晰的。这是 VMD 的主要工作内容。说到这里，我想我有必要简单介绍一下 VMD 的工作。VMD 就是将这些要素与品牌概念、政策、战略相整合，视觉性地呈现出来。不管什么行业，把企划部分呈现出来都是核心。

如今，很多企业都让 VMD 介入商品企划环节，以 MP 展示陈列为核心内容，这是常规的做法。我向大家推荐的做法是优衣库的做法，不仅仅是基于中间核心的 MP，还要对 MD 提出意见和需求。优衣库在商品企划环节里，VMD 已经参与进去，并不是一盘货全部做出来之后再呈现，这样已经来不及了。在企划的阶段，VMD 早早介入，提出需求。之后是 SD，这个部分 VMD 也是需要提出想法和需求的。当然，店装也是在早期介入，不是把店铺形象设计出来了才提出货品布局，这是没有法操作的。

三、优衣库的电商战略

信息制造是零售业的开始，如今移动客户端的数量已经达到 36 亿，为此，优衣库制定了电商战略——做到轻松浏览与购买；无论何时、何地都能购买；

只为你存在的店铺。

这一电商战略是如今优衣库正在做的事情，也是优衣库未来的发展方向。对于未来，优衣库希望能够把电商贡献占比达到30%，让消费者能够更加便捷地购买。如今，日本优衣库的店铺为830家，消费者在线上下单后能够在优衣库实体店提货，试穿后，如果尺码不合适的话可以当场退货。不管在何地、何时都可以进行购买。

或许这更像是优衣库的一场“试验”。优衣库曾经不断讨论“体验经济”的概念，在优衣库的门店里，你可以通过手机连接店内的无线网络，扫描门店里的数字海报，便可以获得关于某款商品的介绍、穿搭指南和实时库存。

这种数字化的零售体验，便是一种提供附加值的方式。而今年双十一优衣库线上、线下联动，也是这种“新零售体验经济”的延伸，它缩短线上购物等待的物流时间，满足了消费者所见即所得的购物期待。也不是没有可能，优衣库在以后的日常销售之中，也会延续线上线下的购物联动。

“只为你存在的店铺”这一战略如今在中国还没开始做。这一战略属于服务定制，当消费者需要一些特殊尺码时，可以通过手机或者电脑进行服务。优衣库一直在不断创造让顾客去店铺里购买的理由。大部分情况下，大部人会觉得电商发达的话，实体店销售可能会受到影响。优衣库一直尽可能地在线上提供服务，然后引流到实体店铺上去，不断优化对顾客的服务。

如今，中国的很多服装企业都在导入RFID（射频识别技术），虽然在早期需要一些投入，但却能实时掌控后期库存。在这方面，做得比较好的要数ZARA。ZARA通过这个方式对商品管理实时进行掌控，不断推进可视化。同时，这一技术还能对物流和生产周期进行改善。

“改变服装、改变常识、改变世界”是优衣库社长柳井正的声明。对于优衣库来说，企业在销售服装的同时，也是在销售企业的思想和态度，并以此来为社会创造价值。这种价值能够产生新的需求和吸引更多的消费者，这才是真正伟大的服装。

零售没有新旧之分

厉玲（杭州“百货女王”）

自“新零售”一词出现之后，业界对“新零售”的认识可谓众说纷纭，至今尚未有定论。对于新零售，有批判者、有赞同者、有观望者……众生百态。而我，是新零售的实践者。为何这样说呢？这主要源于我近24年的零售从业经历。

从1993年到1999年，我先后担任了杭州大厦购物中心总经理、浙江银泰百货总经理、华润深圳万象城总经理，而这几年恰恰是中国百货的黄金发展期，我有幸见证了零售业的巨大变化；从1999到2015年，我几乎涉足了所有的零售行业，比如百货、购物中心、地产商、电视购物、品牌商、餐饮、服装、珠宝、童装等；时至今日，我还是那么热爱零售业，我至今还保有老派匠人那种社会责任感，在该享受天伦的年纪，愿意用振聋发聩的声音为我热爱的行业继续发声。2016年，我在网上开设了24期的《厉玲半月谈》专栏，历史需要传承，思想需要激荡，我期待能给零售行业带去更多不一样的思考。

基于这样的从业经历，我可以直言不讳地说：我是新零售的实践者。下面，我将从七个方面来诠释零售的意义所在。

一、零售是一个从未停止过的业态

零售是一个古老的行业，时至今日，至少也有两三千年的历史。它犹如水，源远流长，从未间断，而且还会不断地根据市场和情况进行变形。所以，零售是一个从未停止过的业态。

如今，很多人都在说新零售取代了传统零售，电商取代了实体零售。对此，我有不一样的理解。零售的业态从来不会因为时间的发展、地区的发展、人的需求变化而被消灭。零售一直存活在我们的世界里。

二、零售的本质

什么是零售的本质？零售的本质是把商品卖给消费者。事实上，零售就是一个普通、简单的事物，可如今却被描述得“高大上”。什么是零售？零售不是所谓的革命和云端，零售就是售卖生活方式，为顾客提供服务。比如慕思就是把席梦思卖给消费者，其他的都是附加。

零售可以有很多种变化，但它的本质就是把商品卖给消费者。在这里，我要特别强调的是：把商品“卖”给消费者，而不是“送”给消费者，送是捐赠。

卖给客户和消费者是不一样的。卖给客户时，你可以做批发，可以把商品卖给沃尔玛，可以把材料卖给慕思，因为他们不是最终的消费者。而零售的本质是把商品卖给消费者，其他的一切如果脱离这个本质，就不能算是零售。

三、零售的定位

知道了零售的本质是卖给消费者后，接下来我们就要研究具体的消费者。如今，商品种类丰富，消费者的需求不断发生变化，因此一个商品已经满足不了所有的消费者了，这时，我们就需要定位。

事实上，关于“零售定位”的理念我早在 1993 年就已经讲过，当时《浙江日报》刊登了我的一篇报道，那是我第一次公开发表有关“零售定位”的理论。因此，我就被称为“中国百货定位第一人”。在这以后，“定位”在百货行业中流行开来，但是真正理解“百货定位”并做得好的并不多。因此，我想用“五要素”和“三个统一”，来讲一下零售该如何定位。

零售要进行定位，离不开以下五大要素：

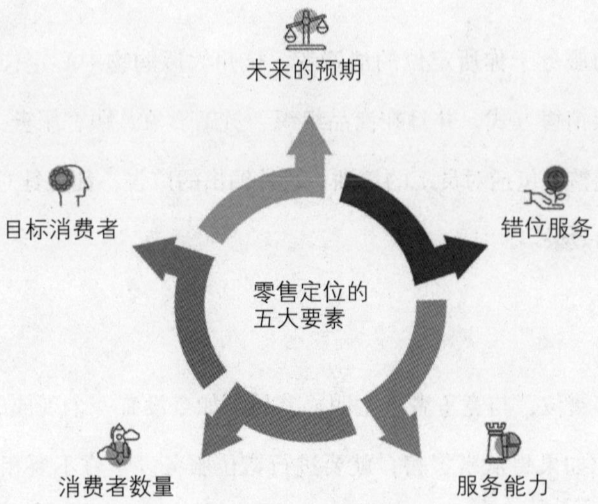

① 目标消费者

在定位目标消费者时，定位的对象一定要有明确的可描述特征。1993 年时，杭州大厦购物中心的定位是高档百货店，基于此，当时我们把目标消费者定位在月薪 800 元以上的消费者。因为这样的消费者有一定的经济能力，文化水平一般较高，对生活品质有较高的要求。

② 消费者数量

任何商业模式要想盈利，目标消费者就要有一定数量。杭州大厦购物中心定位的时候，其实是定位在新生白领和正在做生意富裕起来的一批人，当时这批人数量足够大，未来数量也会扩大。

③ 服务能力

你有能力服务于你所定位的消费者。杭州大厦购物中心定位中高端之后，首次实行开架销售方式，并且在商品组织、员工形象、顾客服务方面做了与其定位匹配的调整。包括对员工的培训、对外输出的广告，都是针对这一个定位，取得了明显的效果。

④ 错位服务

你要能够错位，与竞争者产生明显差异。如今没有一个现成的市场放着让你去定位，你如果想从事零售，就要进行错位服务。千万不要相信调研公司，让你付个几十万，甚至几百万做一个定位，我认为这些是没有用的。在定位时，你要进行错位服务。看看别人在做什么，你能不能和别人做得不一样。

⑤ 未来的预期

你的定位要在未来是有发展空间的。目标消费者的特征不是一成不变的，30 年前的年轻人和现在的年轻人的消费需求是不一样的。所以，零售要实时分析当下年轻人的变化。

除了以上五大要素，做好百货定位，还需要“三个统一”，即上下统一，企业内部的各个层级要统一观念；内外统一，企业内部和外部认知要一致；前后统一，不要朝令夕改。今天做高端，明天做流行，后天又做大众了。

四、做零售就要做好人流、物流与财流

无论过去还是将来，大企业还是小企业，无论线上还是线下，所属什么业态，只要是做零售的，就要做好以下“三大流”。

① 人流是基础

很多人都认为，只有线上零售商的引流才重要。事实上，引流对于传统零售同样重要。希尔顿酒店创始人曾经说过这样一句话：“地段、地段、还是地段。”好的地段往往意味着天然的充足的人流。不管什么样的零售，人流都是基础，只有有了人流，才会有物流和财流。

② 物流是关键

吸引了足够的人流后，就要考虑如何把人流转化为相应的物流——即商品。我在银泰百货工作时，每逢节假日就会做“买就送”或“买一送一”的活动。当时，有很多人不解，这和惯用的打折活动有什么区别呢？殊不知，同样是促销活动，“买就送”和“买一送一”可以带走至少两件商品，这样可以带动人流转化成更多的物流。

③ 财流是根本

有了物流之后，才会有销售额，这就是财流。如今很多零售企业忽视财流，重视讲故事，因为故事讲好了就会有风投投资。我认为这是一种错误的做法。

零售一定要重视财流。

不管是线上还是线下，零售都要做足人流、财流与物流，这样，才会成为一个良性循环的零售，一个有前途有未来的零售。

五、零售没有新旧之分

2016年10月，马云在云栖大会上提出新零售的定义，他说："未来的十年、二十年，没有电子商务这一说，线上线下和物流必须结合在一起，才能诞生真正的新零售。"对此，我有不一样的理解。

我认为，零售没有新旧之分。零售是非常古老的行业，但是一直在进步。至今为止，中国完成了世界上所有业态的出现。就业态来说，中国不输给世界上其他国家。但在精细化管理方面，我国还处于落后状态，远远低于欧美、日本。所以，我们不要以新旧论零售，只要把商品卖给消费者的都是零售。

六、零售没有模式和门槛

零售没有模式，卖一颗菜是零售，卖一万斤菜也是零售；沃尔玛是零售，星巴克是零售，街头巷尾的小咖啡店同样也是零售。比如，在意大利的街头巷尾有许多老爷爷、老奶奶开的咖啡店，这些店已经传承三代人，深受到当地人的喜欢。这样的小店他们根本不知道新零售，但他们活得挺好，因为他有定位，能得到人流、财流。所以，他们做的也是零售。

零售没有门槛，没有性别要求，没有年龄要求，它给每个人的机会是一样的。马云所讲的“五新”——新零售、新制造、新金融、新能源、新技术，发展至今，为何只有新零售存在？其主要原因就是零售门槛低，谁都可以尝试。

门槛低则意味着我们有着无限的机会，每个人随时随地都可以做，它对时间、地点没有要求。

七、重点解读零售的口号

下面，我将重点解读零售里的几句口号，希望给大家一点启示。

① 店大欺客

在零售经营的过程中，有一个亘古不变的道理：店大“欺”客，客大“欺”店。在这里，“客”是指“客户”，而“欺”指的不是“欺负”，而是甲乙双方的市场地位和议价能力。

如今很多零售企业和零售商都在抱怨中国的商业氛围很差，结账很慢。对于这样的抱怨，我是非常不认可的。试想一下：如果你是星巴克、LV，对方敢“欺”你吗？需要牢记的是：在零售场上没有弱者，不管甲方乙方，只有自己强大了，才有跟别人谈判的筹码。

为何有“渠道为王”一说？因为零售商的渠道多了，订货量大了，你才能有主导权。比如，马云曾经做了一个“酒节”，茅台没有参加。为何如此呢？这是因为茅台是酒业的老大，有讨价还价的能力。

所以，如果你想做零售，就要把自己做大做强，即使暂时做不到全国最强，至少也要做到当地最强。这是做零售千古不变的真理。

② 新零售是人、货、场的重构

张勇曾经对新零售下了一个定义，说新零售是“人、货、场的重构”。但传统零售同样也是人、货、场的构建。很多零售把人、货、场三个事情分开。事实上，人、货、场是不分先后的，你可以先从人流开始，也可以先从产品开始。比如，乔布斯就是从产品先开始的。

另外，还有很多人说做零售不了解 80 后、90 后就没有未来，这是要针对目标消费者定位来说。如果你产品的目标消费者是老年人，那么你也没有必要去专门了解 80 后、90 后。只要你定位了，能带来人流，留下财流，带走物流，你就成功了。

总之，对于零售来说，拥抱新技术、面对新市场、迎接新对手、创造新业绩是永恒的话题。比如，对于银泰百货来说，是马云的电商可怕，还是旁边新开一家百货店可怕？当然新开的百货店才是最大竞争者。

我爱零售业，爱它的随心所欲，爱它的百般创新。它是那么简单而迷人，有文化人可以做，没有文化人也可以做。而做零售，唯一要懂的就是人，只有把消费者真正服务好伺候好才是真正的道理。

零售变革：从渠道为王到产品为王

叶国富（名创优品全球联合创始人）

2016年，马云在云栖大会上首次提出了“新零售”的概念，一时间，新零售的大浪席卷整个零售行业。在马云的讲话中，他说“新零售”的核心是“线上+线下”。对于这一理解，我认为是错误的。

为什么是错误的？

因为他的逻辑关系有问题。不管是线上电商，还是线下开店，在我眼里都是渠道。新零售和旧零售的区别在哪里？我认为，其区别就在于旧零售是渠道为王，新零售是产品为王。也就是说，过去的零售主要通过渠道来带动销售，今天的零售主要通过产品来带动销售。

那么，我们应该如何做到以产品为王呢？

一、如今是小而美的精选时代

时势造英雄，要做到以产品为王，首先要了解一下现在的时代。

如今的时代不再是大而全的时代，而是一个以产品为中心、小而美的精选时代。今天，我们看到的名创优品、小米，都是属于销售小而美的精选产品。为什么今天到了小而美的精选时代呢？我认为这主要源于时代的发展。

如果时光可以倒流，我们会发现，在 20 世纪 70 年代的中国，人们连最起码的温饱问题都没解决。20 世纪 80 年代，随着国家的改革开放，人们的生活水平才慢慢得到提高。随着时代的发展，人们的物质生活越来越丰富。纵观今天大多数的我们，已经处在一个不知道吃什么、不知道穿什么的时代。物质过剩后，我们开始更多地追求精神世界，回归生活和生存的本质，简简单单地探求“我需要什么”。除此之外，当前互联网造就了信息的高度透明，时间无比宝贵，人们把大量的时间花在精神享受上，相应地，花在物质享受的时间会越来越少。

在这样的时代背景下，应该如何抓住消费者、赢得消费者？很显然，提供粗制滥造的商品，让消费者花时间去选商品的时代已经过去，这个模式已经淘汰了。

二、产品是未来零售的核心

为什么我不赞成新零售是“线上 + 线下”的说法呢？举个例子：百丽是一

个传统零售企业，为了搭乘新零售的潮流，花了26亿在线上做了“优购网”，然而因为产品跟不上电商发展的脚步，导致在香港退市，净利润从50亿降到40亿、30亿，甚至20亿。我敢肯定地说，如果百丽再不对产品做出调整的话，再过两年它肯定就不行了。很显然，百丽是在产品上出了问题，而不是它没有做电商，没有做渠道。

当然，同样的情况，百丽绝非个例。

万达广场花了10亿做“飞凡网”，但现在谁还知道“飞凡网”？美特斯邦威上市时花了10亿做“邦购网”，却依然改变不了股票直线下跌的命运。

百丽、万达、美特斯邦威这三个企业同时做了“线上+线下”，算是新零售了吧？但结果没一个成功的。所以，我们看问题一定要看本质，要经过自己独立的思考，不要听马云说新零售是“线上+线下”，你就迫不及待地去做电商。一切要结合自己企业的实际情况而定。

说到这里，如果你还认为新零售就是“线上+线下”这一种意义的话，那么我们不妨再来看几个企业：Costco全年的销售额为7700亿；名创优品全年的销售额为100亿，2016年达到了1000亿。

大家细想一下，这几个企业是否做了线上零售？

没有！名创优品到今天为止没有在线上卖过一件东西，但这依然阻止不了我们三年时间从0到100亿的成长，而且每年都是50%~100%的增长。大家思考一下，这背后的逻辑关系是什么？

今天中国做服装的都在骂马云，说是电商影响了线下的服装销售。我想说，难道ZARA、H&M不是做服装的吗？它们同样很少在线上做零售，但它们的店越开越大，越开越多。Costco 和宜家都是做非标产品的，它们同样也没有做线上零售，但线下却是高速成长。

为什么这三家企业没有做线上零售，反而越做越大呢？你却做不下去呢？

答案就是：他们做对了产品。产品才是未来新零售的核心。新零售并非简单的“线上＋线下”，而是以产品为中心，利用互联网和人工智能等新技术，为客户提供高用户体验和高性价比的购物体验，并纵向整合从研发、设计、生产、物流到终端的价值链，创造更大价值，提升运营效率。

三、用“匠心”做好产品

弄清了如今的时势和新零售的真正意义，接下来，我们要开始研究产品了。以产品为中心，前提是要做好产品。那么，如何做好产品呢？

要做好产品，首先得有“匠心”。如今，很多人都在讲“匠心”，但到底什么是“匠心”呢？很多日本企业开一个小店，做了 100 年，每天只卖 100 碗豆浆，或者 1000 根油条。最重要的是，创始人每天都会在小店里，这才叫“匠心”。所谓“匠心”，我认为，有创始人参与做的事情就是“匠心”。如果企业一把手没有直接打磨产品，不能叫“匠心”。

身为企业家，我们最需要管的就是产品。产品才是企业的生命和核心竞争力。有一句话说“产品是企业家的第一战略，是企业的第一战略”，如果一个企业的产品错了，那就意味着你的企业肯定走不远。

同样是做手机，为什么雷军能够做好，格力手机和 360 手机却不能成功？

就是因为其创始人在产品上的投入不够。小米手机之所以成功，是因为雷军是全心全意地在做手机产品。自从做了小米手机之后，雷军左手带两部手机，右手带两部手机，后面再背两部手机，天天研究手机。如果董明珠能把全心全意地做手机，我相信她不一定会比小米做得差，因为董明珠有工业产品的精神和基础。

企业一把手对产品投入精力不够，造成产品没有竞争力。产品没有竞争力，企业家的格局再高也是无用。如今的消费者买的是产品，产品好自然会带来流量。产品好，自然会传播、会说话。

再比如，我去年和碧桂园的创始人杨国强做过一次交流，交流之后发现：今年 60 多岁的他每天都在研究户型，常常研究到夜里两三点。作为房地产老板，研究户型就是研究产品，研究盖什么样的房子才符合消费者需求。这就是对产品的“匠心”。产品有了匠心，销售的目标自然不俗——碧桂园今年的目标是 6000 亿，全国第一，明年的目标是 1 万亿。

所以，身为企业家，我们一定要像雷军、杨国强一样对产品有“匠心”，专心地研究产品，这样才能做出消费者喜欢的好产品。

四、用“三高”和“三低”打造极高性价比的产品

先理本，后理末，理本则末通。对于“如何做好以产品为中心”来说，我前面说的三点相当于“本”，只要我们把这三点理解透彻，那么接下来“如何做好以产品为中心”的真正策略——“末”，才能融会贯通，有的放矢。

在正式讲解策略之前，我先向大家普及一个概念：什么叫以产品为中心？不管在消费品行业，还是零售行业，或是其他行业，我认为今天中国的消费者需要的是极高的性价比。比如小米、优衣库、宜家、Costco、名创优品，都是以极高的性价比获胜的零售企业。所以，我认为，以产品为中心，就是要打造极高性价比的产品，让消费者花很少的钱买到高品质的产品。

那么，如何打造极高性价比的产品呢？

要打造极高性价比的产品，首先我们要知道极高的性价比有什么样的特点，我认为符合极高性价比的产品一定要符合以下三大特点：

第一，追求品质；

第二，追求设计；

第三，追求价格。

这三个特点，缺一不可。

对于如何打造极高性价比的产品，我有一套自己的策略论，简称“三高”与“三低”。

我先来说说“三低”。“三低”就是低成本、低毛利、低价格。低成本很好理解——采购成本要低，企业的运营成本要低。高效率和低成本是相互作用的，没有高效率就没有低成本。低毛利是企业的价值观，你要弄清楚，企业的定位是高毛利还是低毛利。低毛利表面看上去是企业价值观，背后则是企业的运营效率和功底，你能不能做到以低毛利生存下去？只有低成本、低毛利，才能带来低价格。

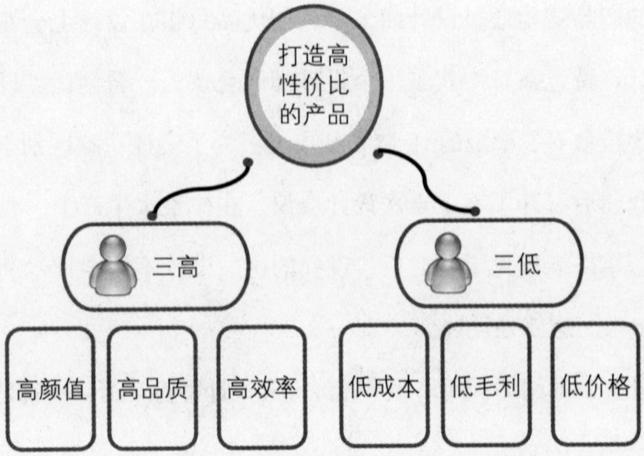

再说说“三高”。“三高”就是高颜值、高品质和高效率。

如何做到“三高”？

① 高颜值源自好设计

对于今天的消费者来说，“颜值就是正义”。高颜值怎么来？当然是通过设计。零售企业必须重视设计。苹果的LOGO设计很有名，是一个被咬过的苹果。寓意亚当和夏娃吃掉无花果后有了智慧，牛顿被苹果砸中后改变了物理世界，苹果公司则要改变数码世界。名字也好记——Apple，很多小朋友学的第一个英文单词就是Apple。这样的LOGO注定会给人留下深刻的印象。名创优品的LOGO也会让人过目难忘。MINI SO，开心购物，两个单词拆开随便都可以读，非常国际化。名创优品不到三年在全球开了400家店，遍布60多个国家和地区。很多老外和我交流，就说是看中这个LOGO和名字。各位不妨从LOGO的设计感受一下，看看你给产品起的名字好不好？你的产品名字有没有记忆点？

高颜值的产品就是通过设计而来。名创优品每年在设计上会花很多钱，我为了做好设计，特意在日本找了一个设计师做合伙人。名创优品设计的一款矿泉水包装，曾经拿下了德国的IF奖和红典奖。为了设计一款区别于其他矿泉水的锥形瓶，我前后召开了不下十次设计会议。在矿泉水生产上，我找到亚洲最大的玻璃厂，结果老板见了我之后，说我的这款设计不用申请专利，因为别人根本生产不出来。这就是设计。

我几乎把90%的精力都用来跟产品经理和设计师打交道，这就是我对产品的追求。

对于如何设计出消费者喜欢的产品，我认为有以下三个要素：

一是系列感；

二是简约风；

三是时尚感。

比如，优衣库、Costco和MINI SO的货架都摆放得简单、整齐，很有系列感。宜家的产品设计风格简约，从玩具到厨房用具，采用的都是一个风格。宜家在北欧有一个设计小镇，镇上所有的设计师都是宜家的。一个家居零售企业养这么多的设计师，我想全球恐怕只有宜家一个。那么，它又为何要这样做呢？因为宜家是靠设计驱动产品，靠产品驱动销售。

我经常出国。有一天，我的朋友给我推荐一个产品，是科大讯飞的翻页器。我拿到手拆开只看了一眼，就马上退货了。因为样子太难看了——花花绿绿的，很土。不重视设计，做出来的产品能让消费者喜欢吗？

科大讯飞的老总出身于“60后”，那个时代的人重视广告营销和渠道，不重视设计，这种观念在骨子里是根深蒂固的。事实上，中国的产品提升空间还是很大的，同样出身于上世纪60年代的雷军，做了一些改变后，就带来了不一样的效果。

零售企业做出高颜值产品，设计应该放在第一位，要重视设计，要提高一个企业家的艺术感。为什么今天设计这么重要？这是因为当物质财富到一定程度时，我们要追求精神财富，要看到美的东西。美的设计就是精神财富的一种。名创优品的产品主打格调，虽说东西卖得便宜，但是设计上的定位是很高的。在2017年最火的韩国电视剧《当你沉睡时》里，韩国明星就喝的名创优品的水。这时候在消费者眼中，喝水就不单纯是喝水了，还有一部分喝的是心理感受。

如今的“80后”、“90后”大多从小没有吃过苦，他们从一出生物质就很丰富，直接进入精神层面。精神层面的第一步就是追求设计。设计是一个虚的东西，我把它定位为精神层面的需求，这就是消费升级的一个角度，或者一个元素。

名创优品现在正在打造一个从个人设计师到名创设计师的共享平台。中国有很多设计师在民间，但设计师这个岗位很难管理。设计师随时随地都在想设计，你怎么考核？另外，设计师大多都是天马行空的，不穿白衬衣、黑裤子的制服。既然不好管，那就索性不管。设计师有设计，但缺少工厂，缺少订单，而名创优品有工厂、有订单。比如你是设计师，你在名创优品的平台上设计产品，名创优品给你工厂和订单，再按照销售额给你点提成。如果你的设计好，名创优品来买单。

我们的制造业缺设计，也找不到好的设计师。更甚者，根本不知道什么叫好的设计师。但是名创优品有好的设计师，有订单。对于工厂来说，名创优品给你设计师，给你订单，你负责制造产品。可以说，名创优品做了设计师和工厂之间的共享平台。

另外，名创优品还孵化了一个品牌——“199”。所谓199，就是来自全球199个国家的产品。如今，我们已经在广州开店卖进口产品，平均一个店的业绩是7–11的2~3倍以上。为何销售会如此好？就是因为名创优品从产品入手，找到199个国家的爆品，把每个国家的爆品放在一个店里卖。

② 高品质源自一流供应商

说完高颜值，接下来再说说高品质。很多人都认为名创优品是靠低价和设计成功的。当然不是，至少不全部是。比名创优品价格低的东西满大街都是，为何消费者还是愿意进名创优品的店进行购买？因为如今的消费者不可能仅为一个低价而下单，在低价基础上，消费者更看重产品的品质是否超越了他们的心理附加值。

那么，如何才能做到高品质呢？

首先，找对供应商才能开发好的产品。

只有找到一流的供应商，才能开发出可信赖的、高品质的、持续稳定的产品。如果找不到好的供应商，产品品质就得不到保障。好的供应商和差的供应商，它的生产习惯和管理习惯是不一样的。一个好的工厂，你让它做差的产品，它是不会做的，因为它的习惯性动作和基因造就它不愿意做这样的产品。同样，你找一个差的供应商，让它做好的产品，它也是做不出来的。所以，零售企业在找供应商时，一定要找行业一流的供应商。

当然，每个做产品的都想直接奔到一流供应商，但一流供应商是非常忙的，他们从来不缺订单。如何做到长期与一流供应商合作呢？名创优品在这方面的经验可以给大家借鉴。

名创优品找一流供应商的方法，可以用四个词概括：一把手、用钱砸、下大单、给现金。所谓“一把手”，就是企业一把手出面，代表你对供应商的重视。所谓“用钱砸”，就是不要与一流供应商谈账期，账期越短越好。名创优品如今做到30个账期，每个月30号结上个月货款。羊毛出在羊身上，你压的账期越高，订单的成本越高。所谓“下大单”，就是下单量要大。所谓“给现金”，就是支付快，与“用钱砸”意思基本相同。

除此之外，我还特别重视与供应商的交情，我会经常请他们吃饭，与他们聊天。这很重要。因为如今中国的供应商在很多客户眼里是不受尊重的，那些渠道很霸道的零售企业特别不待见供应商。导致这种现象的深层原因是：外贸供应商不愿意接内单。外贸供应商很简单，样品选好之后交定金，钱货两清，干净利落。而内贸收钱的过程太过复杂。在我看来，这就是企业家态度问题，一把手用钱砸，下大单给现金，这是“一剑封喉”的绝招。

名创优品的刀叉15块两件，但供应商却是做了20年以上的、是双立人品牌的供应商。名创优品是它在中国的第二个客户，第一个客户是钓鱼台国宾馆。名创优品的眉笔和眼线笔，虽然价格便宜，但却来自迪奥和欧莱雅的供应商……像这样一流的产品供应商，名创优品合作的有很多。可以毫不夸张地说，名创优品的供应商都是全球一流的供应商。

其次，与供应商建立超越买卖的关系。

除了找到一流的供应商，做高品质的产品，还要与供应商建立超越买卖的关系，做到你中有我、我中有你。如何做到这一点呢？在这方面，小米企业给我们做了一个很好的典范。雷军做了一个生态链，这个生态链可以与工厂建立超越买卖的关系。

生态供应链是超越买卖关系的一种新型生产关系。名创优品也在做生态链，目的是参股一部分优质的供应商，培养一部分核心战略供应商。现在名创优品有 1000 多个供应商，未来，预计用半年的时间砍掉 800 个，只保留 200 个。

要参股供应商，至少要达到两个要求：一是对供应商的材料成本和原料了如指掌；二是与股东之间相互信任。一旦我参股之后，供应商只用管好品质生产就可以了，抛弃思想压力专注这一件事情，产品品质当然就会提高。

纵观现在的零售企业和供应商，其关系大多是若即若离、互相猜疑、互相干涉。零售企业担心供应商不努力，供应商担心零售企业销售不努力。当连接上这种“政治婚姻”时，就非常牢固了，我们的品质会更稳定，管理更简单。如今，只要我在商品中心，每个生态供应商必须派两个人与我一起办公，负责开发产品。因为他们在产品的使用材料上比我更专业。

③ 高效率源自爆品战略

所谓高效率，就是要有爆品战略。只有爆品战略，才能让工厂成本更低。为什么优衣库成本那么低？就是因为它把工厂分成专门的衬衫工厂、裤子工厂等。做过工厂老板的人都知道，所谓好的工厂就是机械化程度高的工厂。所谓机械化程度就是把人当机械用的程度，人不用动脑筋，来了就做工，不用担心上午做衬衣、下午做 T 恤衫。这个工厂做衬衫，就天天生产衬衫；那个工厂生产羽绒服，就天天生产羽绒服，而且只生产一个型号，不要换模具。这就叫爆品战略。

名创优品的爆品战略就只设计了一个品类——瓶装水。不像其他的水花花绿绿六七个品种，我们就这一个品种，这是我们的爆品，这就是爆品战略。

那么，如何制定爆品战略呢？主要有以下四点：

1. 规模采购。采购 1000 件，1 万件，根本就不够。一下单就是 100 万件，1000 万件，才能有低成本，没有规模采购做不到低成本。

2. 缩短渠道。过去代理商都是由省级代理到市级到区级代理商，这种时代已经结束了。互联网最大的变化是端到端，这也是义乌批发市场全线下滑的主要原因所在。要缩短渠道，就要在全国建物流仓。名创优品在全国有 7 个物流仓，店铺每天送一次货，产品更新速度快、效率高，而且直接到门店，缩短了总部的渠道。

3. 精选 SKU（注：Stock Keeping Unit，库存量单位）。业绩最好的店铺一年做到 5000 万销售额，这在零售界是一个契机。小米销售额最高的店一年可以有 1 个多亿，但毛利是非常低的。而名创优品的店铺毛利有 38%。沃尔玛在全球有 1 万多家店，每家店大概有 3 万平方米，10 万个 SKU，沃尔玛全球销售大概 3 万亿人民币。在美国，几乎每个沃尔玛旁边都有一个 Costco。我到了沃尔玛之后发现顾客很少。一到 Costco，人满为患。Costco 的面积规划 3000 平方，3000 个

SKU，全球500家，一年销售额7700亿，平均每个店是15亿，沃尔玛平均每个店是3亿，沃尔玛股价在不断下降，Costco的股票在不断上升，这也印证了今天是小而美的精选时代。

4. 共享渠道。名创优品一年期间在全球开了1000多家门店，开店速度可谓是行业里最快。如今，名创优品在全球每个月有100家店开业，每天可以接到300封来自全球要求开店的邮件。我们要把渠道打开，要尽快把店铺开到全世界。我最近给企业做了三年规划，叫作“百千万”，意思是100个国家，1万家店，1000亿。

100个国家，名创优品已经实现了60多个，预计2017年年底有可能达到100个。对于未来名创优品的定位，2017年是“一带一路”，一个国家保证有一家名创优品的店；2018年是百花齐放，100个国家，每个国家开好几个店；2019年是百花盛放，每个国家密密麻麻都是名创优品的店。

以上所述，新零售并没有什么惊人的创举，却能让零售企业从渠道为王到产品为王，做到以产品为中心，在寒意料峭的“零售冬天”打出一片令人惊叹的新天地。新零售并非简单的“线上 + 线下”，以产品为中心才是核心。

这就是新零售的经营变革和管理进化。

Ⅳ

战略重构：探索零售新业态

新零售开启营销 3.0 时代

姚吉庆（中国冠军品牌联盟创始人）

这是一个特别的时代，零售业一直在不断地进行更迭。1852 年，全球第一家百货商店的开业，标志着零售业渐渐走入主流市场；1910 年，出现了新的变革，百货商店进化成连锁商店；如今，当电商线上线下物流出现了千万种组合时，我们到底在经历着什么呢？

我认为，我们正在经历一个新的营销时代，我把它称作“营销 3.0 时代”。

为什么要做新零售？过去，我们一直觉得网络销售的迅速发展，会对实体销售的冲击非常大。事实上，待网络销售和电商发展到一定的峰值后，就会停下来。那之后该如何提升呢？事实上，经过后来的观察，实体零售还是很厉害的。因为那些宅男、宅女都开始生孩子了，生完孩子之后还是不能宅在家里，要带着孩子逛实体店。

总之，未来纯粹做电商会死掉，纯粹做实体也会有问题，所以不存在网销和实体店你死我活的问题，未来一定是线下和线上销售的融合。因此，我们才会做新零售。

一、新零售，基于什么

想要清楚理解新零售，首先要弄明白新零售是基于什么样的背景产生的。经过研究，我们认为，新零售产生的背景主要有以下三个：

① 马斯洛需求层次理论

对于马斯洛需求理论，相信大部分人都有所了解。现在，我要重新解读一下，因为这是新零售的基本。

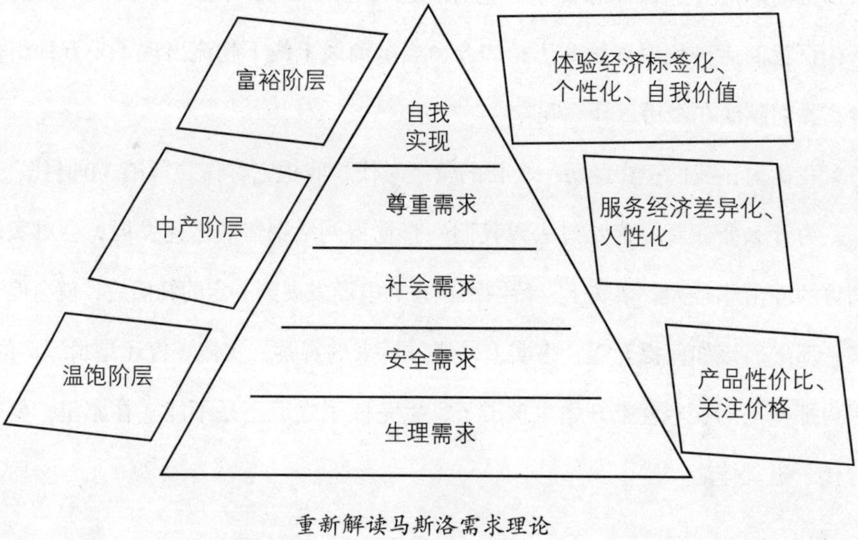

重新解读马斯洛需求理论

从时间轴上来看，一个人从幼年、成熟到年老，是这个金字塔的迭代。从温饱阶层到中产阶层再到富裕阶层，有些人停留在温饱阶层，有些人到富裕阶层之后又下来了。

吴晓波老师在2015年和2016年经常谈到中国的中产阶层在迅速崛起，而且到2025年可能会达到5个亿，这就是中国未来可能成为世界第一大国最有利的条件。

人处于温饱阶层时就要考虑生理需求和安全需求，这时候的零售业叫产品经济。什么是“产品经济”？就是主要考虑性价比，关注价格。温饱阶层的基数很大，这也是过去网络低价销售能够成功的原因所在。同时，也是“得D丝者得天下”的理论能够传播的重要原因。

随着中产阶层的扩大，零售业进入到服务经济。所谓“服务经济”，就是人们在消费时已经不再看重价格，而是考虑社交和尊重的需求，考虑差异化和人性化。

在2016年~2017年，中国有大量定制家居奔向IPO。比如欧派，欧派上市后，如今市值在400亿~500亿。为什么会出现这样的情况？这是因为中产阶层希望有个性化的需求，希望自己的家和别人的有所不同。追求个性化、差异化的需求，这就是服务经济。

自我实现的层次，已经从富裕阶层发展到富豪阶层。富豪阶层喜欢标签化、个性化和自我价值的实现。全球至少有80万这部分高净值人群，富裕人群可能更多。他们在金字塔的顶端，消费能力非常强。

我们如今所说的新零售不能只局限于低端，大部分人都在关注性价比、关注用互联网工具，用各种工具解决线上线下用户的问题，解决温饱阶层的问题。也有人提出意见，不能局限于低端。

② 消费的三大特征：圈层化、标签化、年轻化

通过研究，我发现消费渐渐出现以三大特征：

一是圈层化。如今做营销不再是垂直营销，而是水平营销。10年前我们做广告，找一个朗朗上口的slogan（口号），往中央电视台投放一个广告，全国人民都知道了。如今的情况则不同了，如今要针对不同消费群和消费层次去沟通，这就是圈层化。

二是标签化。每个人都有自己的标签。比如，叶国富的标签是勇敢、有魄力，这是他的优势。之所以有这样的优势，名创优品才会成功。如今在做营销时，要根据不同的人群标签去定位战略。

三是年轻化。如今年轻人的消费观念发生了很大的变化，消费群体开始呈年轻化。众所周知，慕思的定位是高端品牌，我们的目标消费群体是35岁~50岁的人群，这些人至少是富裕阶层、中产以上的阶层。

慕思在“85后”中占多大的消费比例？我过去认为最多也就10%。但是调查完之后，让我大跌眼镜的是，“85后”的消费占比竟然高达45%。在60后、70后到“85后”以前，慕思的品牌知名度是第一位。但是大部分“90后”的人对于慕思品牌没有形成认识度，所以，现在我们必须线上线下同时做，因为消费开始呈年轻化。

③ 现代商业的本质是什么？

现代商业的本质主要体现在以下三点：

一是顾客的时间价值。现代商业的本质首先体现在顾客的时间价值上。比如，你今天用的是今日头条，就不会再用网易客户端了。零售想要取胜就一定要占用顾客的时间。未来顾客的时间价值会越来越稀缺，谁能占据顾客的时间价值，谁就更厉害。因此，产品和品种要覆盖时间价值。

二是不可替代性。不管是牙膏还是手机，要如何做到不可替代呢？先不说万年长青，至少做到在这一年甚至两年时间内，没有新产品能够替代你。当新趋势产生时，你要赶上新的趋势，再让产品不可取代。

三是高黏性。在这方面，腾讯的微信是最好的案例。一天我在微信圈里看到一个图片，大致的意思是说过去吸大烟和现在玩手机的姿势是一样的。受到图片的启示，我想戒掉玩微信的习惯，结果戒了一年还没有戒掉。这就说明微信是一款黏性很高的产品。

现代的商业本质，只要抓住以上三点就成功了。

二、什么是新零售

围绕上述三个背景，我们可以从以下四个维度重新定义新零售。

① 极致的产品体验

极致的产品体验可以创造不可替代性。为何如今有很多新品牌出来之后迅速成功？主要原因是产品给消费者带来了极致的体验。

② 极致的服务体验

要做到极致的服务，就要把售前、售中、售后在整个服务过程中融为一体，增强关联性、依赖性。哪怕人家今天不买你的东西，也要在售前就充分占用顾客价值时间。当卖完产品之后，真正的占用时间才真正开始。

③ 售卖一种健康的生活方式

如今，我们卖的不仅仅消费产品和产品体验，更是一种健康的生活方式。这种生活方式要有精神价值和情感的顾虑。比如，名创优品设计的水，它是一种能量，是一种感觉，消费者在购买它时更看中的是它的精神价值。

④ 引起目标消费群情感的共鸣

这一点非常重要。我们在买一个产品，特别是买一些高端产品时，思考方法完全不一样。比方说富裕阶层，越高端的人群自我价值实现的需求越高，它的标签化需求越高。

比如，奔驰、宝马和路虎的层次都是差不多，但买的人群却不一样。有大局意识的人，觉得自己可以掌控未来，这种人比较稳重、大气，很可能选择购买奔驰车；觉得自己比较时尚，有创新精神的人，很可能选择购买宝马车；比较高端豪爽的人可能偏向于购买路虎车。

综上所述，新零售是基于马斯洛的消费需求理论，需要覆盖不同的层次，特别是企业在做高端产品时一定要有上述四个层次，另外就是产品和服务要做到极致，要售卖的不是产品，而是是一种生活方式。

这就是我对新零售的理解。

三、慕思的新零售实践——“四维战略”

慕思在新零售上做的实践，归纳起来，就是“四维战略”：

① 第一维：打造极致的产品体验

慕思从2004年开始运作，到今天已经开了3000家专卖店，大部分在中国，还有一部分已经走出国门。事实上，床垫是一个红海市场，在全世界大概有

100多年的历史。床垫是由美国人创造的，在美国市场排名前三的床垫品牌占据了70%的市场份额，几乎已经垄断了床垫市场，这是非常稳定的市场环境。

在中国，2004年起码有2000家公司在做床垫，因为这个行业的门槛比较低。所以想从这个红海中走出来，还是非常困难的。基于此，我们开创了一个全新的品类——健康睡眠系统。

过去的标准床垫，每个人睡的东西都是一样的。但我们做的这套系统不仅仅是床垫，从枕头、床垫、排骨架到整个家纺类产品，都是整套系统。之所以重新定义了健康睡眠这个概念，就是想通过这个品类来创造不可替代的产品体验。

慕思一直在做不可替代性的产品，产品体验一定要极致到不可替代。具体怎么才能做到不可替代呢？我们要做到以下“三大整合”。

一是做全球材料的整合。这是一个跨界的整合。我们和欧洲的材料商合作。欧洲人有一个特点，他们做什么东西只做配件，做配件就能做70年。中国人只要会做轮胎，只要会做电池，整辆车马上就出来了，这就是我们的机会。最近这五年的时间里，凡是国外的配件供应商新产品出来之后首先会找慕思合作，因为我们做的是高端产品。

二是全球设计师资源的整合。慕思创立于2004年，2005年就整合了全球的设计师。慕思现在所设计的东西，基本上都能够引领潮流5~8年。

三是智能技术资源的整合。下图是Sleep Share智能床垫技术，这是慕思和比利时、德国三家联合开发的技术。你睡在上面之后可以马上自动进行测试、自动感应。通过控制器对床进行调整，然后把你晚上睡觉的状态，比如翻身的次数、做梦的时间、深度睡眠的时间吸收过来，再进行调整。调整之后，第二天就可以睡得更好。当你出现睡眠问题时，就可以向控制器进行互动咨询，了解睡眠不好的真正原因。

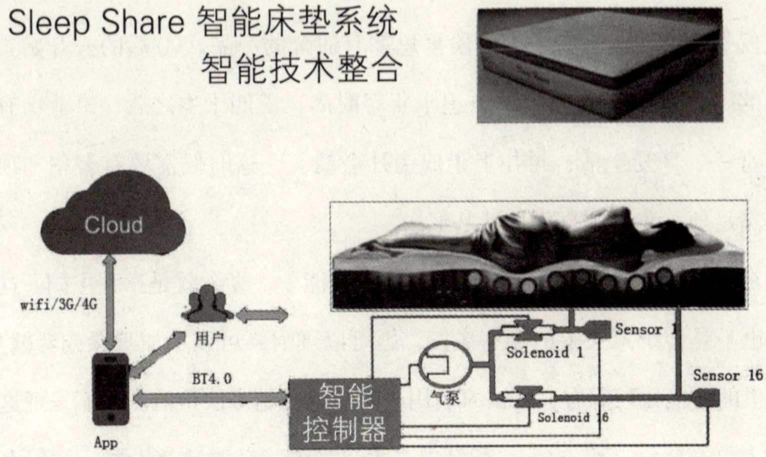

慕思的 Sleep Share 智能床垫技术

但是智能化技术的成本较高，如何使它有高性价比呢？在 2016 年，慕思与奉天公司合作开发了一个新技术——太空树脂球。这个技术的核心在于弹簧是垂直产生抗力的，通过物理的方法解决了智能化要解决的问题。

这就是慕思在打造极致的产品体验上做出的实践。

② 第二维：打造极致的终端场景体验

打造极致的服务体验在于，根据不同消费群体分层进行全生命周期的场景体验，增强消费者的黏性，充分占用消费者时间。譬如，很多人都认为“小孩必须睡硬板床”，其实这是个错误的观念。小孩对于床软硬程度的需求，在不同年龄阶段，对于不同体型，都是不一样的。而慕思会为儿童量身定制不同年龄阶段，适合不同脊椎发展的床垫。此外，面对年轻群体、社会精英、女性等不同群体，慕思也都会有有针对性的子品牌提供场景体验。

不仅仅是针对孩子，每个年龄段慕思都有适合的产品。90后的人开始工作之后，他的第一张床应该是V6——追求年轻时尚；三四十岁之后，事业稍有所成就用凯奇——享受生活；再往上走成为社会精英，这时候需要有奢华和顶级的产品去满足他，我们有慕思兰博基尼。

人群是可以细分的，有些富裕阶层的丈夫很能干，妻子就是家庭主妇。这个家庭主妇也不是传统意义上的家庭主妇，她可以理财，可以参加听课或者健身。她希望家里的环境比较温馨，在买家装用品时，就是她来决策的。我们发现这一部分高端人群有将近70%的人，都是由太太决策的，针对这类人群，我们有一个品牌叫慕思格丽雅。

除了满足不同的消费人群，慕思还推出了“金管家”服务。购买慕思是我们服务的开始，我们会一直服务下去，慕思每年都会接到服务电话，上门做除螨服务。

这就是慕思在打造极致的终端场景体验上做出的实践。

③ 第三维：售卖一种生活方式

品牌要想做高端，要想做下去，最核心的问题是要解决社会问题。

埃德曼做了一个全球的调查，发现85%的人会忠诚于有社会责任感的企业；70%的人会愿意为这部分企业多付款；55%的人会把这个品牌传给家人。品牌到理想，要有品牌真我、文化张力。

慕思的品牌形象是“如果人人都有好睡眠，这个世界会更美好”，这就是我们要提升的东西，慕思的使命就是让人睡得更好，我们有一套健康睡眠的生活方式和健康睡眠的哲学。

人的1/3的时间都在睡眠当中度过的，然而大部分人都睡不好觉，真正一觉睡到大天亮的只有10%，这是非常严重的社会问题。为什么要追求这种生活方式呢？这是李开复和我们合作时说的一点。李开复是一个拼命的企业家，他过去一直认为睡觉太浪费时间了，要拼命工作。等他得了癌症之后跟我们做了一个合作。癌症不是说治好就能治好的。李开复老师的癌症中医医生让他做了四点，做好之后身体一定会健康。这四点就是：乐观的心态、充足的睡眠、适量的运动、均衡的营养。

我们在做寝具的过程中也借鉴了这些。我们不仅仅是做寝具，而是做睡眠的整个解决方案。我们打造了“睡眠音乐大碟”。睡不好有很多因素，我们针对16种睡不好的情绪，对应不同的音乐。还有香薰，不同的人所要求的香薰是不同的。

这13年来我们做了很多睡眠文化的推广。比如全球睡眠文化之旅、全球慕思品牌日等活动，通过这些不同的大IP活动，把健康睡眠文化，健康睡眠生活方式推广到各地去。我们几乎每年都联合不同机构做睡眠问题的调查。从企业家调查、普通大众到年轻人，调查了各个阶层，让大家认识到睡眠的重要性。

每年都会做睡眠文化之旅，带上消费者，带上媒体到不同国家进行睡眠的文化体验。

这就是慕思在售卖生活方式上做出的实践。

④ 第四维：与消费者实现价值观共鸣

想做高端品牌，就要让目标消费群认同你的价值观。企业要挖掘目标消费群的核心价值观，他信仰什么。比如社会精英的信仰是什么？我们通过大量的调查研究，发现所有的成功者都信奉“善梦者、享非凡”。

这句话有两层含义：一是马云说的“梦想还是要有的，万一实现了呢？”大多数成功者比较认同这句话，不过这只说了一半；二是想成功就要多睡觉，这是美国政客阿里安娜·赫芬顿说的。简而言之，就是要善于对自己的睡眠进行管理，才能成功。

马云说“成功靠情商，不失败靠智商，未来成功靠爱商。”我们认为：过去的成功靠情商，避免失败靠智商，持续成功靠睡商。另外，罗振宇在跨年演讲时讲到两个方面：一是睡觉，二是运动。罗振宇说一倒下去5分钟之内马上睡着，如果睡不着，就叫失眠。

“善梦者、享非凡”并不是一句口号，我们做了很多片子传播这个价值观。为此，我们邀请了潘石屹、李云迪、郑智、李开复等不同行业的成功者来说明筑梦者与梦想同行，只要你心有善梦者、享非凡，就一定能成功。

我们还做了梦想100分的公益计划，最后西蒙在他的演讲中说了一个黄金圈法则。怎么归纳新零售呢？新零售应该符合黄金圈法则：内圈是Why，中圈是 How，外圈是 What。传统零售的黄金圈是由外向内的，先说我是谁，再说怎么做。但为什么这样做？不知道。而新零售则是由内向外的，先考虑为什么要做，再讲要怎样做。新零售是由心而外，为什么要做这件事，原因很清楚明了。

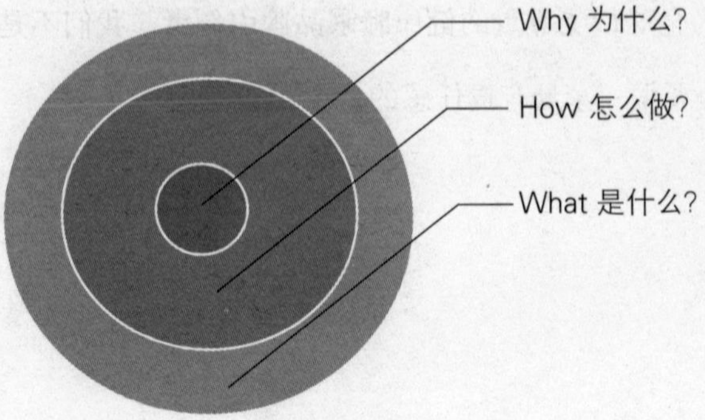

新零售要符合黄金圈法则

以上四维战略就是慕思对新零售的实践。慕思的使命就是让人们睡得更好，睡出成功，睡出美丽。为了达成这个使命，我们会拼命推广，让大家知道睡眠不好就会生病，会对自己的人生有影响，让大家重视睡眠。我们做整套睡眠解决方案，除了产品之外还要研究情绪和睡眠音乐。

买慕思的人基本上都不是因为产品外观设计多漂亮，海绵和弹簧的质量好而买的。而是因为他们有一个信仰：因为要睡好觉，因为要睡出成功，睡出美丽，才到我们店里来买慕思。买了慕思之后感觉这个挺好，又传播给朋友。

什么是新零售？新零售的本质是顾客满意，而要达到顾客满意，就是要超出顾客的期待。话及此处，我还有两句话要告诉大家：

第一句话：营销的最高境界是核心价值观的营销。

第二句话：你要把潜在消费者变成你的顾客，把顾客变成粉丝，把粉丝变成传播者和销售者，这就是新零售。

慕思就是这样拥抱新零售的。让人们睡得更好是我们的使命，围绕这个使命，我们要成为全球最受尊重的健康睡眠品牌引领者。我们不是要做一家最赚钱的公司，而是要做一家最有责任感的公司。

商业地产与新零售

王永平（联房地产商会商业地产研究会会长）

如今，谈到新零售，大多是与百货、餐饮相关的行业。商业地产一直默默无闻站在一旁，备受人们的冷落。事实上，商业地产和新零售是密切相关的。用一个形象的比喻来说，商业地产好比是盖楼的房东，而新零售则是租房子的房客。

这些年零售做得好不好，最有体会的是商业地产商。纵观近几年的商业地产，激烈而险峻的竞争环境让零售举步维艰。冯仑先生曾预言商业地产的零售会不好做，他的理由是商业地产是一个站着的买卖——服务员是站着的，顾客是站着的，所以没有黏性。而坐着的买卖比站着的买卖好做，比如说餐饮。

传统零售在购物中心占据着非常重要的位置。比如，一个商场的定位是高端、中端还是低端，是根据商场里的零售品牌来决定的。如果商场里有 LV、GUCCI 这样的零售品牌，那么这家商场的定位一定是高端的。同时，购物中心的收益也主要来自零售，零售是利润最高的行当，也是引流的重要部分。

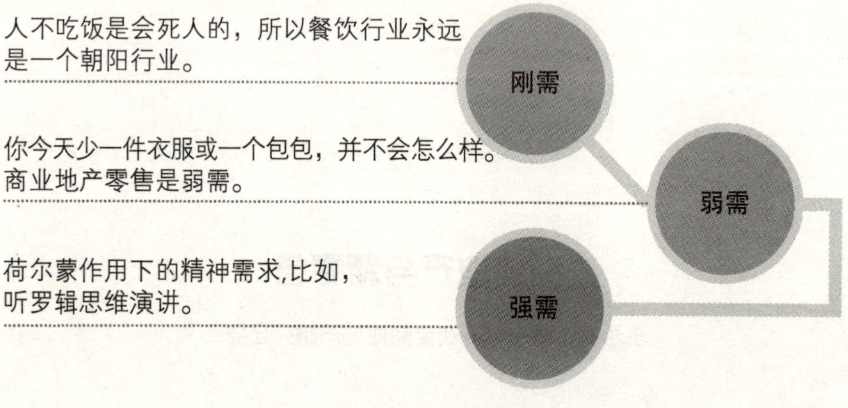

人的需求的三大类别

最近几年购物中心的零售行业不景气，商场里的服务员比顾客还要多。这样的情况让商业地产商倍感焦虑。有的开发商问我：能不能引一点人流量大的业态进来？我分析道，如今真正人流量大的业态只有两个：一是医院，如今的医院哪家不是人山人海；二是高铁，遗憾的是很多高铁商业是不挣钱的，原因是因为高铁都太准时，顾客都是掐着点去高铁站，很难留下人。

要做好商业地产，首先要找到人流量大的业态集客；其次要创造现金流。而要做到这两点并不是一件容易的事。究其原因，是因为零售业出了问题。商业找不到好的品牌来实现差异化竞争，获得创新。

基于这些原因，很多开发商开始去零售化，零售既然不挣钱就不要了。不要百货公司、大卖场、超市、去快时尚化。但问题来了，把这些去掉之后拿什么来填空呢？很多商场开始做体验业态，比如电影院、冰场、餐饮、儿童娱乐等等。但这些业态看似热闹，却不挣钱。有的商场把餐饮比例加大到20%~30%，有的甚至加大至40%~50%。这时又有新的问题出现：不到吃饭的时间，商场里没有人。而且餐饮比例过大，餐饮零售之间就会形成恶性竞争，很多餐饮店无法存活下来。更麻烦的是，业态之间会形成干扰。比如，我曾经去一个商场，一楼的化妆品柜台导购员跟我抱怨说，自己的香水卖不出去，因为无论顾客怎么喷，都是一股从楼上飘下来的火锅味。

一、围绕产品和服务做好生态链

商业地产要进行业态创新，业态必须要形成生态链，并不是简单地替换一个业态就行。既然商场不能简单地去零售化，这时大家就开始琢磨零售创新，开发商也转变思维，帮助品牌商一起创新。在传统的思维里，开发商经营一个物业，只要把店铺租出去，对方按时交租金即可。随着时代的发展，后来商场开始有了品牌意识，从经营店铺转变到经营品牌。有些品牌租金低，商场即使装修补贴也要把它引进来，因为这样的品牌能够起到集客的引流作用，甚至是定位的准心。比如，一家商场有了ZARA、H&M、优衣库，顾客就会认为商场是一个年轻时尚的地方。

除此之外，商业地产还要开始研究、经营消费者，我们要帮助开发商、品牌商一起琢磨消费者。过去是从B2B2C、购物中心到品牌到消费者。现在开始琢磨B2C2B。首先消费者要什么，我们才去引进什么样的品牌，这是开发商实践新零售必做的事情。

新零售对于整个冬天都在蓄力变革的商业地产来说，无疑是一次新的契机。但为何新零售一词的出现会在业界引起如此大的争议，我分析了一下，认为是把简单的东西复杂化了。

新零售这一概念是由马云提出来的，马云作为一个备受全世界瞩目的大咖，他说的每一句话都会被无限放大。事实上，马云现在也遇到了零售问题，比如阿里巴巴线上的增幅正在不断下滑。纵观如今人们对新零售的争议，不管是京东的刘强东提出的第四次零售，还是万达王健林提出的线上线下融合，都只是有共识无模式。大家都在各说各的话，但说的不是一个行业。

事实上，新零售是没有模式的，但对创新零售的探索，却是有意义的。我认为，新零售首先是要回归商业本质。商业的本质就是商品要好。最近几年，零售业都过于关注模式、关注场景，关注一些外在东西，而这些东西是很容易被复制的。

如今，电商能够提供便捷的服务和便宜的商品，但是却很少能提供品质好的和创新的商品。名创优品和小米一直在说要做好产品，但做好产品不仅要把产品设计好，还要有好的品质和性价比。

什么是消费升级？雷军说消费升级不是用更多的钱买更贵的东西，而是用同样的价钱买更有价值、更好的东西，这才叫消费升级。对此，我非常赞同。

诚然，电商确实有它的优势所在，但它不是消费的全部。提供好的商品才是实体商业，或者新零售的本质。在这方面做得比较好的要数美国的 Costco。

Costco 全球有 9700 万会员，每个会员收取 50 美金的基础服务费。会费就是 Costco 的利润。这样一个挣钱的公司，几十年一直靠卖好的商品走到现在。大部分超市有 1.2 万 ~1.5 万个 SKU 单品，而 Costco 却只有 3000 SKU 单品，每一个单品都是精选。Costco 的食品是全球最高的食品安全等级标准，全部都是有机的。

Costco 的零售模式非常简单：收取会员费，卖精选商品。为何如此简单的模式，中国却没有一人能做成功？沃尔玛的山姆会员店曾经效仿过 Costco，但却并没有取得实质性的成效。究其原因，是因为虽然 Costco 的零售模式非常简单，但是你要有很好的买手和细致的会员管理服务，而要做到这两点，并不是一件容易的事情。比如，Costco 的咖啡豆来自星巴克的供应商，但它的价格却只有星巴克的一半。

除了 Costco，在中国有一个餐饮企业服务是做得最好的。这个企业就是被大家熟知的海底捞。海底捞的每个店面积约 1000 多平方米，平销 4000 万。它的服务就是让客人等候时好吃好喝，不觉得烦躁。在吃的过程中如有不满意，服务员有权给你免单。海底捞把对顾客的免单权授权给服务员，可以第一时间把矛盾扼杀在摇篮里。海底捞的服务模式也很简单，可为何没有第二个“海底捞”出现呢?

因为要做好产品和服务是一个系统工程和生态链。如果你授权给服务员免单的权利，就会担心他的七大姑、八大姨免费来吃喝。你只有给员工很好的福利，甚至把他的家人接到大城市去旅游……没有这一系列润物细无声的工作，是无法授权给一个服务员签单的。

海底捞要求门店员工的宿舍必须和门店步行距离不能超过 15 分钟，尽管这样的地方租金可能很贵，但海底捞要保证员工能够及时休息。在员工宿舍里，有 24 小时的热水和免费的 WI-FI。海底捞之所以这么做，是为了让员工心情愉悦。只有员工心情愉悦，第二天才能微笑面对顾客。之所以没有第二海底捞出现，并不是这个模式有多复杂，而是要做成这样的模式，必须要付出很多代价。

要拥抱新零售，我认为首先要做好一个产品，而且要围绕产品做好生态链。我们要找到好的供应商，要有好的设计和好的服务，还要有好的卖场环境。这一点名创优品就做得很典型。

名创优品的东西性价比很高，如果它的门店是开在学校旁边的话，成本会小很多。但名创优品却要把门店开在商场里。和商场里其他卖几百块甚至上千块的产品相比，顾客就会觉得名创优品的产品性价比很高。

二、用复合、跨界融合和体验感做好业态创新

除了做好产品和服务，新零售还包括业态的创新。在业态创新领域里，业态的复合、跨界融合，看上去是一个方向。无复合、不业态。业态复合不是简单地“拼盘”，必须要强调内在的消费逻辑。比如，我的店铺定位是淑女，那么店铺里的产品都要是淑女系列，淑女的包包、淑女的鞋子、淑女的配饰、淑女的餐厅，它是以客群来进行组合，这才是业态创新，而不是简单的混搭。

当然，即使是业态创新，也要强调好的商品。我认为当下最具创新的两个业态是餐饮和书店。现在的很多餐饮店，顾客进去后会发现环境很炫，产品丰富多样。但问题是很多餐厅只注重场景，而忘了餐饮的根本是菜品可口。如果顾客一开始被餐厅的场景所吸引，进去吃完饭，发现味道不怎么样，那么这家餐厅就不可能有回头客。如今很多书店的设计都非常有格调，但书的销

量却一般。要让顾客是因为书的质量好，不是因为书店的咖啡好而喜欢上这家书店。当然，书的质量不好，可能是作家的问题，甚至是一个时代的问题。当年的诚品书店非常有名，就是源于有一批优秀的作家，有良好创作环境的时代。当一家书店的书质量不好时，即使书店设计得再有格调也是不成功的。

对于业态创新，复合是重要的一部分。除此之外，还要增加更多的体验感。体验感不仅仅是场景，场景只是它的组成部分。体验需要更多的是社交和设计。在这方面，我非常欣赏上海大悦城的做法。在上海大悦城里，商场做了一个摩天轮。通常来说，摩天轮都是游乐场的游乐设施，是供孩子游乐玩耍的。大悦城在做摩天轮时曾遭到外界的很多质疑，说这与商场的定位不符。事实上，上海大悦城的摩天轮与一般摩天轮是不一样的。他们去儿童化，去娱乐化，把摩天轮做成了一个爱情地标。为了达到“爱情”的场景，大悦城在摩天轮里设置了很多灯光场景模式，比如亲友、家人、情侣，顾客只要按一下按钮，效果就出来了。最有意思的是，摩天轮里还可以吃饭，每转一圈一道菜，吃完以后还会给顾客送一份 DIY 的小礼物。

大悦城把这个摩天轮做到了九楼，不仅解决了排队长的问题，还把九楼盘活了。在摩天轮的下面有一个空地，商场会适时做一些品牌活动。以摩天轮为背景，整个商场显得非常有调性，同时也形成了一个很好的闭环，这个体验感是非常好的。

除了设计，社交也是实体商业体验重要的一部分。令我感到遗憾的是，社交虽然是实体商业的优势，但大多数实体商业却没有做好。有的人认为现在的年轻人不喜欢社交。对于这一观点，我是不赞同的。事实上，很多人是渴望社交的，但不会社交。现在的年轻人，大多是独生子女，缺乏社交能力。所以很多年轻人热衷于在网上虚拟社交，互不干扰。在过去，居委会会搞一些活动促成社交。但现在我们都在微信里聊天，不再进行面对面的社交。

综上所述，要拥抱新零售，就要回归到以产品为核心的商业服务链，要设计好产品，打造高性价比的产品，在好的环境里用好的服务去销售产品。实体商业和新零售的创新，我们不要在概念上有太多纠结，所有的创新都要鼓励和支持。创新不是模式的简单拷贝，而是真正要以匠心的心态做好所有的东西，让产品说话，这才是商业的本质。

近10年来，商业地产的发展是有巨大变化的。10年前做商业地产的只有银泰、凯德、大悦城。10年后的今天，满大街都是做商业地产的，但真正好的商场却很少，让你几天不去逛逛就憋得慌的商场更是少之又少。商业的创新是一个迫在眉睫的话题。如今的业内张口闭口都在谈“互联网+”，这其实是不对的。商业应该是“商业+”，以商业为核心，利用互联网技术。互联网技术不应该成为主导商业革命的一股力量，它可以是一股重要的力量，但不是主导力量。比如，对于无人零售，一些年轻人有好的体验，我觉得是对的。无人零售的源动力在于商场收银台前排队的人太多，无人零售可以提高效率。

所以，无论何时，我们都要不忘初心、回归本真，这本就是创造更多的价值、把人吸引回来才是根本道理。大浪淘沙，谁能够留下来谁就是强者。从重数量转向重运营，这是一个大的趋势。

让我们放慢脚步，等等我们的灵魂。如果套在商业地产行业里，开发是我们的脚步，商业的经营，或者说新零售才是我们的灵魂。

下篇　产业观察

V

技术驱动：新零售运营效率提升

大数据下的“新零售运营”

大数据时代正在以我们可感知的方式到来，无数零售企业纷纷跳进了这个狂欢队伍。如今，大数据已经成为不少零售企业转型升级、打造新常态的重要法宝。越来越多的零售企业积极尝试将大数据技术融入自己的经营过程和零售策略中。不过，由于固有商业思维、运营模式等因素的制约，传统零售企业在大数据开发应用方面常常存在着“理想与现实的纠结”——既迫切希望借助大数据技术降低库存成本、提高销售业绩，却又在实际应用中面临着诸多不适应，从而影响了对大数据的进一步开发应用。

与传统业务数据相比，大数据有以下四个方面的特质：

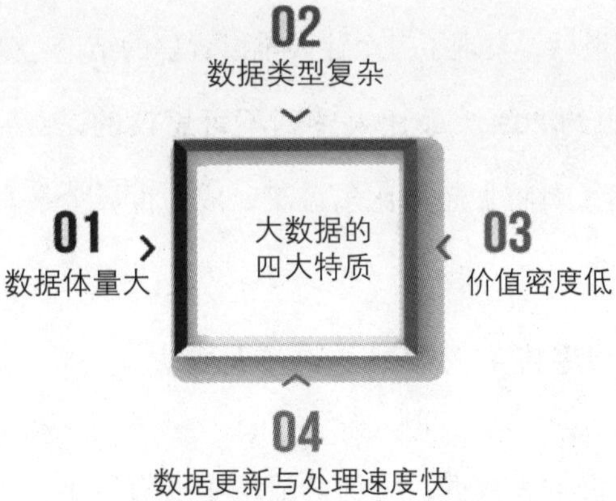

对于零售企业来说，将大数据技术运用到零售中，有利于企业对市场的实时动态变化及时做出响应，获得充分的时间进行策略调整，从而制定更适宜的前置性零售策略，提升营销效率和效果。

如果用一个比喻来说明“零售 + 大数据”的价值所在，那么大数据相当于大江大河的洪峰预警机制，一旦上游洪峰（零售市场）出现任何变化，下游（零售企业）可以及时获知并制定针对性的应对策略。

如今，利用“零售 + 大数据”玩转新零售的企业有很多，比如亚马逊、沃尔玛、H&M、阿迪达斯、优衣库、ZARA 等等，但如果说到谁是“零售 + 大数据”的最佳典范，那么 ZARA 必当之无愧。因此，在我们大谈新零售的时候，当零售业门店出现问题的时候，我们有必要来学习一下 ZARA 这个已经有 40 年品牌年龄的传统零售企业是如何成为“零售 + 大数据”的代表企业。

2017 年 6 月中旬，ZARA 发布了 2017 上半年的销售数据和财务数据显示，截至 2017 年 4 月底，ZARA 开出了 30 个新门店。当我们对比 H&M、优衣库等服装零售企业的财报后，发现了一个让人难以置信的结论：ZARA 的盈利竟然比 H&M、优衣库高出约 20%。最让人感到不可思议的是：在 2016 年，ZARA 的创始人阿曼西奥 · 奥特加超过比尔盖茨，成为世界上最富有的人。

一、ZARA 玩转“零售 + 大数据”的三大战法

ZARA 在“零售 + 大数据”方面的战法主要有以下三点值得零售企业学习、借鉴。

① 分析顾客的需求

ZARA 十分重视收集顾客的消费信息，以便精准把握客户需求，不断改进、优化产品和服务。比如，ZARA 实体门店中安装了覆盖各个角落的摄影机，店员随身携带 PDA，及时记录下顾客在衣服图案、扣子大小、拉链款式等任何方面的偏好和意见，然后将这些信息分享给分店经理，由经理上传到 ZARA 内部全球资讯网络中。ZARA 要求各门店每天至少反馈两次顾客意见，总部做出产品样式变更决策后会立刻下传给生产线组织生产。

每天门店停止营业后，店员会对当天的服装销售情况、上下架信息及退货率等数据进行整理，制作成热销产品排名和交易分析报告，并将这些数据上传至ZARA的数据库中。

通过搜集顾客需求的信息来调整产品设计及营销策略，这极大地帮助ZARA减小了库存压力。更为关键的是，这帮助ZARA发掘出了一些普通方式难以发现的潜在消费需求，使自身的盈利能力获得了大幅度增长。

② 结合线上店数据

除了线下实体门店，ZARA也十分注重网络商店的布局。比如，ZARA同时在欧洲6个国家建立了网络商店。线上商店除了能够拓展业务规模、增加营收之外，还具有增强不同区域资料关联性、强化双向搜索引擎和资料分析等功能。

为了更好地掌握消费者的个性化需求，ZARA还在线上举办各类调查活动，通过这些活动整理用户反馈意见，来帮助设计生产部门对产品进行调整。一些在线关注时尚潮流、了解ZARA产品的消费者，进入ZARA线下门店的可能性也很高。

ZARA在线上渠道收集到的客户大数据信息，除了用于制定更合理的生产决策，也被ZARA所属的INDITEX集团的客服中心、行销部、设计团队、生产线和通路等各个部门所运用，形成各部门的KPI，从而实现ZARA内部的垂直融合主轴。

③ 对数据快速处理、修正、执行

服装及化妆品零售商H&M一直在尝试学习ZARA，想要通过大数据对自身的产品生产流程进行优化改善，但实际效果却并不令人满意。

其中，最为关键的问题是，大数据的一大优势是帮助企业缩短产品生产周期，让生产部门根据动态变化的消费需求在短时间内对产品进行调整。但 H&M 的组织管理流程却使大数据的这种优势根本得不到发挥。要知道，H&M 从打版环节到出货环节要耗费将近 3 个月的时间，而同样的流程 ZARA 只用两周的时间就可完成。

ZARA 为了做到“买得起的快速时尚”这一原则，利用“零售 + 大数据”建立了一条以客户为中心的、又快又好的供应链。这条供应链分为四个部分——产品组织与设计、采购与生产、产品配送、销售和反馈，这四个部分的核心都是顾客，整个过程不断循环、不断优化。

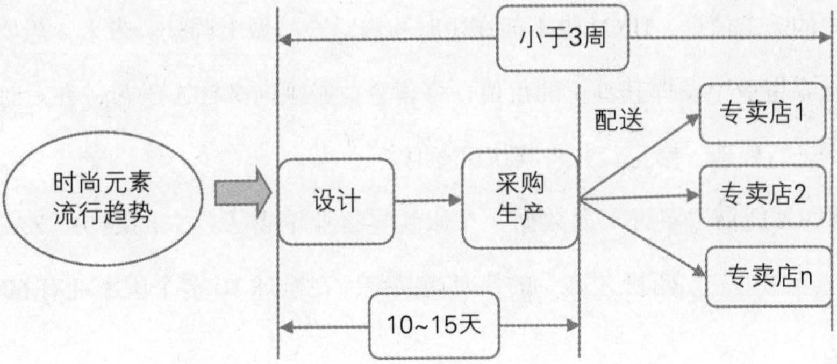

ZARA 极速供应链的流程图

这条极速的供应链就是 ZARA 对数据快速处理、修正、执行最有力的体现，它把“快时尚”由梦想变成了现实。接下来，我们就通过一个表格对 ZARA 和同类其他品牌做一个比较：

比较内容	ZARA	同行品牌
从产品设计到上架时间	10~15 天	6~9 个月
库存年周转次数	12 次	1.2~1.8 次，一流的服装企业 3~4 次
年均推出产品款式数量	1.2 万多种	中国服装业年推出上千款的非常少
客户年平均光顾次数	约 17 次	行业平均水平 3~4 次

ZARA 与同行业各项数据比较

ZARA 对服装产品的设计生产环节主要由统一的研发部门负责，而 H&M 却将之分散在世界范围内的多个市场。虽然互联网的出现使得跨地区交流不再是问题，但对于服装设计来说，不同市场中的设计部门都会有自己的观点，要在短时间内形成统一的意见是很难的事情。所以，即便是大数据能够反馈出各个市场中的需求信息，H&M 也不能在短时间内对产品做出调整。未来，想要让大数据在零售业中发挥其真正的价值，零售企业必须向 ZARA 学习，在短时间内对数据进行处理、修正，并将其快速落地。

ZARA 凭借“零售 + 大数据”在服装零售业取得了巨大的成功。ZARA 公司成了全球第三、西班牙第一的快时尚品牌，在全球 80 多个国家拥有 6000 多家门店。

二、零售企业如何运用“零售 + 大数据”？

移动互联网时代，大数据已经成为新零售中不可或缺的重要模式，是各个零售行业竞争布局的重要方向。对于零售企业来说，要想在竞争日益激烈的互联网商业市场中存活发展，就必须充分认识到大数据对企业整体经营的巨大价值，运用好“零售 + 大数据”。

说到这里，你可能要问：零售企业要如何运用“零售 + 大数据”呢？零售企业要运用好“零售 + 大数据”，必须具备以下三方面的要素：

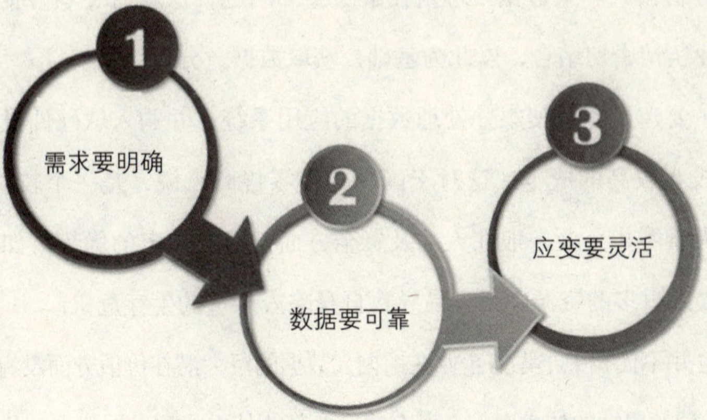

零售企业运用“零售 + 大数据”的三个要素

① 需求要明确

行业数据涉及范围广、种类多、数量庞大，在收集数据的过程中，应重视数据的“质量”，即数据是否可以体现品牌的实际需求。要将数据锁定在特点的范围内，减少不必要的冗余。

② 数据要可靠

建立内部可靠的数据库是进行大数据零售的前提与基础，为此，零售企业在实践中要获取规范、精准的数据，不断归整并完善数据，为后期的数据分析提供可持续的支撑。

③ 应变要灵活

在数据处理的过程中，零售企业需要对不同的场景灵活地应变，切忌过分依赖数据分析模式。大数据处理重在解决实际问题，这就需要零售企业将技术能力与行业实情密切结合，以此为基础，获取数据、分析结果。

不过，要建设能够搜集并处理数据的应用系统，并购入软硬件设备，需要零售企业投入较高的成本。这对于国内的小零售商来说，是一个较高的门槛，他们不像大型零售企业一般在人才及资金方面都具有一定的优势，如果贸然地在这方面投入过多的资源，很容易导致自身陷入严重的生存危机。

但这也并不代表中小零售企业在挖掘大数据的巨大潜在价值方面没有机会。事实上，在一种颠覆性的技术面前，所有的企业都能从中找到发展机遇。作为资金与人才资源并不充足的小微零售商，可以不必自己投入资源建设大数据系统，而是将这种业务外包给提供大数据服务的第三方服务商，从而将自身的资源及精力集中到产品及服务上面。

目前，很多云服务商都为零售企业制定了个性化的云服务解决，这样一来，小零售商也可以享受大中型零售企业一样的最为顶级的大数据软硬件设施，推动自己的零售营销进程。

VR购物：一场从虚拟到现实的零售技术升级

对于VR技术，相信我们都不会感到陌生。随着商场、购物中心、游乐场等相继开发的VR体验项目，大家或多或少都有些经历。VR技术，简单来说就是“虚拟现实”技术，那么，它跟新零售有什么关系呢?

2016年7月，在“淘宝造物节”上，阿里VR购物正式亮相，但根据实际体验过的消费者反馈信息来看，阿里VR购物在用户体验方面存在着较大的提升空间。

与传统的电商购物相比，VR购物带给人们一种全新的购物体验。虽然传统的电商购物可以让人们随时随地购买喜欢的商品，但由于在购物过程中，消费者只能凭借文字、图片、视频等信息隔着屏幕观察，加上不同显示屏的色彩误差等因素，导致很多时候消费者购买的商品并不能真正满足自身的需求。而VR购物的出现则很好地解决了这些问题，商家可以更为全面真实地展示产品信息，而消费者也能“如临其境”地购买到自己喜欢的商品。

根据Digi－Capital 2017第三季度投递报告样本公布，AR/VR已投融资达3亿美元，与上年相加总额已达到18亿美元。(数据来源:Digi-capital 2017第三季度投递报告样本，网址 http://www.199it.com/archives/683642.html)不管是虚拟现实还是增强现实，在未来5年里，其市场前景都是非常令人期待的。

虽然如今的VR购物并没有在零售业得到爆发性发展，但未来，VR购物的落地很可能将会在零售业引发一场产业革命。从具体的发展方向来看，未来VR购物将在互动性橱窗展示方面爆发出巨大的能量。此外，借助GPS、智能手机、语音控制技术等，商家可以与消费者进行体验性更强的互动交流，让消费者不到门店也能获得像在门店内购物一般的沉浸式购物体验。

VR行业的爆发预期还未真正到来，几个巨头也不愿意贸然进入新的领域，都是在现有业务上锦上添花。

一、零售巨头的VR购物体验

2016年9月，京东“VR/AR产业推进联盟”正式上线，这是全球首例，代表着京东在VR领域的步伐走得越来越坚定。阿里几乎在同一时间推出了“buy+”，全新的购物体验让广大淘宝用户直呼以后不仅仅要“剁手”，连眼睛都不能要了。当然，意识到VR购物机会的不仅仅是这两位巨头。

① 巨头的对决：阿里与万达的VR之战

2016年3月，阿里的“buy+”计划正式启动，在阿里内部，这个VR实验室的代号叫作“GM Lab”。这个名称来自暴雪公司现象级网游《魔兽世界》中进行创新的地精一族。

同年7月，阿里“buy+”虚拟购物平台正式亮相，参加活动的人们可以抢先体验VR购物。实际上，阿里巴巴不仅在加速布局虚拟购物环节，也在支付落地方面积极研究。三个月后，由蚂蚁金服开发的“VR pay”在杭州云栖小镇亮相，并且在2016年年底实现全面商业覆盖。

用户在提供“VR pay”服务的店家下单后，支付页面中会出现一个3D的支付宝收银台，消费者可以通过自己的VR硬件设施完成支付，比方说通过手势、点头、语音控制等肢体动作确认支付信息，VR虚拟购物交易的整个环节就这样完成了。

2016年“双11”期间，综合电商O2O品牌“飞凡”推出了一个“AR寻宝”的活动，想通过这个活动深度挖掘消费者的购买力。背靠万达的飞凡把AR技术运用到了实际的购物场景中，和阿里巴巴形成鲜明的对比。飞凡的“AR寻宝”是一种基于线下真实场景的虚实结合的AR购物服务体验，相对来说，阿里巴巴的“buy+”提供的服务比较单一。阿里巴巴的“buy+”是基于电商平台的，而飞凡的“AR寻宝”则是以服务广大消费者本地化生活的线下广场为核心的。在用户体验上，不管是阿里巴巴的“buy+”，还是飞凡的“AR寻宝”，都能让用户眼前一亮。但不同的是，阿里巴巴的“buy+”目前只能让消费者通过VR设备简单浏览一些特定的商品，飞凡的“AR寻宝”则是在现实场景中穿插虚拟元素，从而让用户的体验更好。不仅如此，飞凡的“AR寻宝”还研发了类似于AR游戏pokemon go的小游戏，为线下商场导入了更多流量，通过一些趣味性的互动，让购物不再是单纯的消费，而是愉快的互动享受。

②宜家：VR体验馆

实际上，宜家把VR/AR技术运用到实际经营中的时间点比京东和阿里巴巴都早。2013年，宜家在自己的APP上上线了AR功能，用户可以结合《宜家家居指南》杂志看到宜家产品在自己家摆放的效果。2015年，宜家又推出一款名为“宜家VR体验馆”的APP，但是由于受当时的技术限制，其效果并不好。

一年后，“宜家VR体验馆”的APP再次上线，这次APP内上线了三款风格各异的厨房设计，用户可以通过VR工具看到这三款设计在自己家里厨房的效果，还可以自己搭配颜色，并体验成人和儿童的不同视角。

现在，宜家对VR技术的运用已经比较成熟了，甚至把整个卖场都搬到了线上。消费者可以登录宜家官网，在VR技术的帮助下，就像身处真的宜家卖场一样，每一件商品都真实地摆在眼前。如果看中哪一件商品，用户可以点击进入商品页面，了解该商品的详细信息，然后下单购买。如果当地有货仓，用户可以在下单后，直接去货仓取货。

瑞典宜家的总经理Jesper Brodin说：“虚拟现实的发展速度非常快，在未来5到10年的时间里，VR将会成为人们生活不可分割的一部分。我们觉得虚拟现实技术对消费者的未来将起到重要作用。比如，有一天用户可以尝试各种家具解决方案后，再决定是否需要购买。”

宜家一直在不断探索通过数字化来改善消费者的体验。宜家还有一款AR应用，可以让用户通过手机把选中的虚拟家具投放到家里的各个地方，帮助他们解决室内设计的难题。目前，这款APP正在测试中，唯一的不足是这款APP只适用于有HTC Vive头盔的用户。宜家官方表示，如果这款APP非常受欢迎，他们肯定会拓宽适用范围，为更多有需要的消费者提供服务。

③ ebay：全球第一家虚拟现实百货店铺

虚拟现实的零售店面可以追溯到2016年7月。那时候，电商零售大佬eBay和澳大利亚的零售商Myer百货合作，推出了全球首家VR百货商店。为了让消费者在百货商店中的体验更加真实，也为了获取消费者的信任，eBay在悉尼免费发放了2万多台配套的VR设备Shoptacles。

目前，在eBay平台上，myer提供了超过1.25万种的商品品类，其中上百种都是通过3D成像的方式展示给客户的。客户先下载eBay的VR网络商城APP，戴上配套的Shoptacles头盔，然后就可以浏览Myer百货的1.25多万款产品。排名前100的商品是以3D形式呈现的，其余的商品都是2D的图片。这些照片都可以360度旋转，还可以放大。

目前，这款VR购物APP只能在澳大利亚地区的苹果和安卓应用商店下载，暂时不支持其他地区的服务。

Ebay在官网上提供了1.5万个免费的配套VR设备。用户在体验过程中，看中哪件商品，只要盯着几秒钟，就可以选中商品，查看商品的详细信息。眼睛一眨就可以把中意的商品添加到购物车中，然后摘掉头盔完成付款。这一系列流程被称为“视觉搜索”。

二、如何将VR/AR技术融入零售店铺中?

VR商业虽然还处于探索阶段，但是已经对零售行业造成了巨大的影响。毕竟，每一个零售业从业者的目标就是“顾客想要什么，我们就给什么”。在当前的技术环境下，不少消费者都希望通过 VR 技术来体验新的购物方式，因此大部分零售从业者开始引进 VR 技术。

目前虽然电商行业发展得如火如荼，但是仍然有很多人选择线下实体店购物。因为在线下实体店，消费者可以实际感受产品以及服务，而且有时候在与朋友和亲人一起外出购物的过程中，还能增进彼此之间的感情。然而，当代社会人们的生活节奏越来越快，工作压力越来越大，很多人在休息的时候并不想出门逛街，只想好好休息。而 VR/AR 技术的出现，不仅为零售商们提供了机遇，还丰富了消费者的购物方式。人们不需要出门，只要上传相关信息，就能通过 VR 技术搭建虚拟购物场景，试穿衣服，甚至定制家具等等。

任何新事物的出现，如果能在某一领域直击行业和消费者痛点，或者提升服务质量，改善人们的生活方式，那么，这项新事物必定会引起一场变革。而 VR/AR 技术，正处于这场变革风暴的中心。

对于零售商来说，在考虑把 VR/AR 技术运用到企业中时，需要思考以下三个问题：

① 运用 VR，还是 AR？

在弄清楚这个问题之前，我们先要搞清楚什么是 VR，什么是 AR。

VR 技术是已经创造好了一个虚拟世界，但是人们要通过 VR 眼镜或者头盔等配套设施来实践，这项技术能够为人们带来新奇、刺激的体验，比如 VR 视频、VR 主题公园等都是代表。

AR 技术则是把虚拟的场景融入实际的世界中，人们通过智能手机等终端设备就能体验，相对来说比较方便。比如 pokemon go 游戏，这个游戏在全球范围内掀起了一场 AR 热，甚至在一段时间内，大街小巷都能看见人们在拿手机捕捉小精灵。

显然对于零售企业来说，选择不同的技术，会对其具体的战略执行带来巨大的差异。零售企业要根据自己的产品和战略选择这两种技术的应用。

② 店内应用，还是店外应用？

从技术角度来看，将来的零售行业基本不会存在这个方面的问题，但是考虑到眼下 VR/AR 技术还不够完善，在室外使用和在室内使用是两种体验感受。在店内使用的情况主要存在于传统的购物场景，比如销售区域和试用间等；在店外应用，则主要是让人们在家里或碎片化的场景（排队付款、等公交车等）中体验 VR/AR 购物。

把 VR/AR 技术运用到零售领域的最初目的就是为了让消费者的购物体验更舒适、更便捷。比如，虚拟试衣间可以为消费者节省在实体店内排队试衣服的时间，而且通过 VR 技术试穿，和在店内试穿的效果是一样的，这样就避免了浪费时间、退换货麻烦等问题。

对于那些专注于电商领域的零售商来说，可以通过 VR/AR 技术为消费者搭建一个虚拟的购物空间，让消费者感受到，即使在线下，也跟线上差不多的购物体验。在决定了使用地点后，零售企业还要考虑时间和金钱成本，特别是在这种技术还不够完善的新兴领域，尤其要谨慎。

③ 将商业模式和 VR/AR 技术挂钩

虽然 VR 能提升消费者的购物体验，但这种技术在开发和运行的过程中也遇到了许多阻碍。Marxent(VR 和 AR 供应商) 对 VR/AR 技术在产品目录上的应用价值进行了评估，结果发现：相对于 VR 和 AR 来说，电商使用 VR 和 AR 来进行产品目录的制订更为合适，而实体零售如果在店里使用 VR 和 AR 的话，三维建模需要花费大量的时间和精力。因此，VR/AR 技术的研发者必须对现有的工作流程进行改进，缩短三维建模的时间消耗，使虚拟现实技术能够在零售领域得到更加广泛的应用。不仅如此，还要保证其实际的呈现效果，确保对用户形成足够的吸引。

总而言之，VR 虚拟现实技术对零售发展有很好的推动力，虽然目前还有很多技术性和现实性问题没有解决，但是随着科技的发展，业内对此项技术均抱有很大的期望。对于消费者们来说，他们对 VR 虚拟购物也有很大的好奇心，随着 VR 技术的普及，也许未来的新零售行业会成为商界的中流砥柱也未尝不可能。

也许现在 VR 还存在一些缺点，但是这并不影响大家对它的期待和喜爱，在不久的将来，也许你任意走进一家商场，都能体验 VR 虚拟现实技术为你带来的非凡购物体验。

VI

营销进化：引领消费者的购买新体验

用无与伦比的用户体验抓牢你

随着电子商务爆发式的增长和电商巨头的惊人业绩，实体零售的份额被挤占已经是一个不争的事实。面对电商的强劲势头，实体零售要么成为电商的线下体验店，要么直接关门大吉。那么，实体零售真的只有这两个选择吗？现在看来尚待商榷。而没有依靠电商，依然将零售做得风生水起的7-11便利店给我们做了一个很好的典范。

7-11已经成为日本消费文化的代表。但是7-11并非日本本土的产物，而是于1937年诞生于美国，最初叫作“南大陆制冰”公司，主要制造冰块。后来这家公司为了扩大经营，开始贩售一些日用品，比如洗衣粉、面包、鸡蛋、酸奶等等。十年之后，这家公司更名为7-11。

7-11名字的含义是倡导一种早睡早起的健康生活——晚上11睡觉，早上7点起床。1973年，日本伊藤洋华堂公司和美国南方公司签订地区性特许加盟协议，铃木敏文将7-11便利店带到了日本。后来南方公司不幸破产，日本伊藤洋华堂收购了这家公司73%的股份，这才开启了7-11的伟大之路。

如今，7-11是全球第四大、亚洲最大的零售王国。在零售业内甚至有一种说法：“世上只有两家便利店，7-11便利店和其他便利店。”对此，人们不禁好奇，7-11究竟练了怎样的武功秘籍，才能击败这么多的竞争对手？面对实体零售业整体利润低迷的环境，它为什么能创造如此骄人的业绩呢？

一、一切以客户需求为导向

7–11 创始人铃木敏文的经营字典里没有互联网 +、O2O、电商，也没有新零售，他的经营哲学只有一个，那就是：用户体验。毫不夸张地说，7–11 的用户体验已经达到无与伦比的地步。

这主要体现在其“一切以客户需求为导向”的经营理念上。铃木敏文在传递这一理念时，常常讲的一句话是，要“站在顾客的立场”去思考，而不是“为了顾客着想”。所以，7–11 要求每个管理者对自己的每种产品、每个员工有充分的了解。在 7–11，每个员工都要进行服务方面的培训，以便给消费者最好的体验。比如，你到 7–11 去买盒饭，结果盒饭已经卖完了。这时，店员就会热情地向你推荐不远处便利店的盒饭，甚至还告诉你哪种盒饭好吃。这样的小细节，看似简单，但对很多企业来说是难以想象的：放着生意不做，反而把客人推到同行那里？这就好比你去佳能的柜台问索尼的照相机，说不定会吃个闭门羹。而 7–11 主张要得到客户的认同，必须付出更好的服务。虽然这次没有在 7–11 吃到盒饭，但经过这件事，消费者会更加相信 7–11。

7–11 有着人性化的服务配套。比如说，桃子最甜美的时候是在冰箱里放置三个小时后，于是，7–11 店铺门口会出现一张海报，将这一信息告诉消费者；大米在经过长时间存放后口感会变差，7–11 就会提醒消费者要购买适量大米，不要多买。因为便利店货架上的商品来自供应商，有的商品的使用方法可能并不详尽，不便于消费者做选择。而 7–11 针对这类商品，选择让自己的员工来先试吃、试用，从而找到最合适的使用方法告诉客人。

除此之外，7–11便利店“一切以客户需求为导向”的经营理念还体现在以下三个方面：

① 随处可见的“小七”

比如，仅仅在台湾地区，就有5000多家7–11便利店。在台湾地区的不少城市里，7–11店铺的分布密集度是很高的。台湾地区的7–11门店总数虽然低于美国和日本，但在单位土地分店密度方面却远高于这两者，仅次于香港。如此密集的便利店大大地方便了人们。有人曾经开玩笑说过，在台湾迷路的话，全靠7–11指路。台湾民众将7–11亲切地称为“小七”。

② 提供厕所的便利店

大家都知道，普通的便利店很少有卫生间，即便是有，也很少对外开放。7–11率先打开自己的卫生间给客人使用。这个举措恰好在细节上体现了7–11服务上的周到细心、有人情味，也赢得了顾客的好感和依赖，许多顾客使用完厕所之后会在店内转转，购买一些商品，7–11也从中获得了利益。

③ 提供多元化服务

俗话说“麻雀虽小五脏俱全”，每家7–11便利店都尽量为客人提供多元化的产品和服务，甚至会提供代收干洗衣物、代订鲜花、送货上门服务，有的店面还设立了ATM取款机。

客人在7–11不仅可以购买普通的生活用品，还可以购买火车票、汽车票、演唱会门票、景点门票等。7–11为了吸引顾客，还会配套提供超值优惠的购票服务。如果你已经在网上订好了票的话，就能够在7–11快速安全地取走你的票。

这些多元化的便民服务，不仅方便了人们的生活，还为7–11自己增加了销售附加值，在为用户带去了很大便利的同时，也给7–11带来了很大的客流量，可谓一举多得。

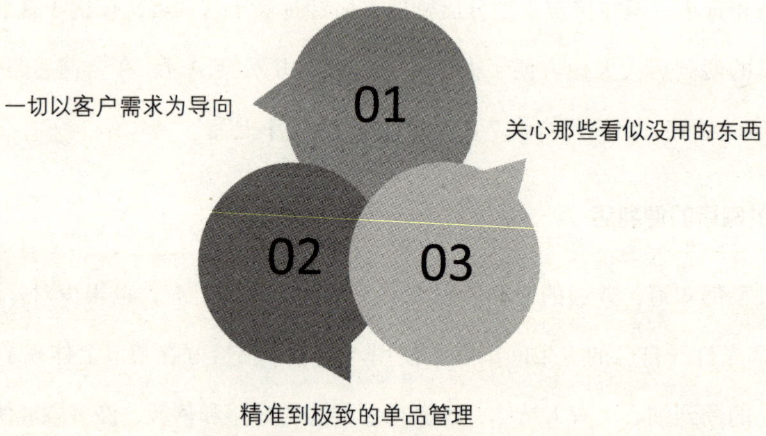

7–11无与伦比的用户体验

二、精准到极致的单品管理

除了“一切以客户需求为导向”的经营理念，7–11便利店还有精准、极致的单品管理。

所谓单品，就是导致消费者产生购买行为的最小商品。正所谓“万丈高楼始于平地”，单品是一切实体商业的基础，也是零售模式的物质前提。

7-11对单品的管理极为精细，在做商品分析时，也是按照各类单品进行分析管理，比如对某款纯净水或茶饮料等进行详细的分析，并非简单按饮料类一概而论，而是根据销量、顾客的喜好等，把不同商品分为不同的单品，通过单品销售动向、库存和趋势，掌握每一时刻的动态变化，实现备货的精准化。

铃木敏文早年曾在出版社学习过统计学知识，在他大力支持下，7-11是最早在零售行业中应用了POS系统的公司之一。随着信息科技的发展，铃木提出了基于POS系统数据的“假设——执行——验证”工作模式：信息系统对单品的重要数据进行销售信息与趋势的分析比较，找到变化，最大限度满足顾客的需求。

在7-11，从店长到店员，都非常重视数据，而且他们也很擅长通过深入分析数字信息，准确把握消费者在需求上的变化。在7-11，如果某一种商品缺货，大家首先想到的是“我想卖多少，所以订多少”。

在产品策略上，7-11采用了快速迭代的策略，这也是与其他便利店不同的地方。7-11努力做到所有商品有一定程度的差别化，这种差别包括了：商品类别、陈列方式、销售时间等。根据《7-11创始人铃木敏文自述——零售的哲学》一书，7-11日本总部提供的SKU（产品单品统一编号）多达4800种。每周，总部还会向各店推荐100种新品，每年商品的更换率高达70%。7-11还有员工专门负责试吃各类食品，每年新推出的食品种类达到35852种，一旦出现口感和质量问题，马上进行改善。

此外，开发自有商品也是7–11商业上重要的一环，独特的自有产品大大增强了7–11的竞争力。为了满足个性化需求，7–11开发了针对单身一族的御饭团、迷你火腿、小袋洗洁剂等产品；针对加班族，7–11专门推出了消夜、零食产品；针对年轻人，7–11则推出了冬瓜仙草丝、玫瑰冰茶、冰激凌汽水等时尚产品，这恰好迎合了年轻人追求时尚、营养均衡、美味、低脂肪的诉求。

三、关心那些看似没用的东西

7–11“丧心病狂”的用户体验还体现在7–11总是关心那些看似没用的东西。比如，气温、天气以及湿度等等。7–11的经营者认为，从这些看似无关的小细节中恰恰能发现人们生活上细微的改变。恰如天变冷了，大家就要开始喝热饮；天气热的时候，人们就想要喝冰饮。

要做到这一点也不容易。7–11要求每一位店长每天都要询问自己的店员，今天天气怎么样？气温多少？下周会有什么变化……

通过长期以来坚持一切以客户需求为导向、精准到极致的单品管理和关心那些看似没用的东西，7–11的用户体验才能达到“丧心病狂”。这不仅值得被广大挣扎在被电商和大商场夹在中间的中小便利店借鉴和学习，也有益于解开我们所有的实体零售如今面临的纠结。

不管是传统零售，还是新零售，都不能脱离零售的本质。不管零售技术如何变革，营销如何进化，用户体验永远是零售业营销不变的宗旨。这一点，永远不会改变。

新零售时代的场景化体验

新零售的出现，表面上看起来，是电商和实体零售商面对各自发展瓶颈所采取的自救，实则是消费者对购物体验有了更高层次的追求，也就是消费升级。随着人口结构的改变，“80后”、“90后”甚至“00后”的个性化消费逐渐成为主流趋势。他们不再单纯地追求物品的功能，而是希望在购物的过程中能感受到由故事、人物、情节、空间等组成符合自己期望的氛围和场景，并能为之动容，才愿意付费。这种将消费者的行为和需求进行分隔，创造出不同场景的方式，就叫作场景化体验。零售商可以通过互联网与实体店相结合的方式，为消费者带去更加优质的体验。毫不夸张地说，在新零售时代，任何一种能带给消费者极致购物体验并为商家带来巨额利润的零售都是以场景为基础进行设计的。在这方面，星巴克是一个很好典范。

诞生于1971年的星巴克迄今为止在全球58个国家拥有2.4万家线下门店。即使在街头咖啡馆多如牛毛的今天，星巴克依然保持着自己的行业巨头地位，是大部分人喝咖啡的首选，可以说，这与星巴克多年来始终如一的重视客户的体验密不可分。

2013年，面对微信、YouTube、Facebook、Twitter、Pinterest等社交化软件的大肆兴起，星巴克敏锐地觉察到机遇，将社交化应用场景转变成了自己的战场。

首先，星巴克在微信平台推出了“用星说”服务，消费者可以通过微信平台上的“用星说”程序给他人发送礼品卡，借用星礼卡“红包”表达自己的心意。通过在微信这个社交平台上开展场景化体验活动，星巴克实现了当年第一季度销售额提高20%的目标。

在微信公众号拥有了数千万忠实、活跃的“粉丝”后，星巴克顺势提出了“第三空间”的概念。何为“第三空间”呢？在传统意义上，我们将家，即饮食起居的生活场所定义为“第一空间”；将公司，即工作奋斗的场所称为“第二空间”；星巴克所推崇的“第三空间”，就是指“非家、非工作”的生活空间，它致力于在喧闹的都市里搭建一方舒适、安逸的落脚点，为奔波于家和办公室之间的忙碌的现代人带去一份闲适、一份从容。

可以说，“第三空间”赋予了星巴克无限的生机，让星巴克成为不少人除办公室外的首选办公场所，也为星巴克的线下营销吸引了大量的潜在客户。甚至有顾客这样打趣地形容自己的一天：不是在星巴克就是在去星巴克的路上。

那么，星巴克究竟是通过怎样的商业设计和空间设计来唤起消费者的情感共鸣，进而达到场景式体验营销的目的呢？

一、场景体验始于人与人之间的联结

在星巴克门店里，咖啡是人与人的关系桥梁；在这里，人们之间情感的维系有很多种途径。星巴克会定期邀请咖啡大师教顾客如何品鉴咖啡、如何制作咖啡，门店内总是播放着独特的美式音乐，加上店里弥漫的咖啡香，消费者在听觉和嗅觉上会与星巴克有一种联结。在星巴克，就算是排队也是横着排的，如此一来加深了店员和顾客的沟通互动，便于店员及时了解顾客的需求。

当然，星巴克的场景化体验不仅仅局限于门店，而是蔓延到人们居住生活的社区。社区是一个广泛的“第三空间”的概念，就像星巴克的创始人霍华德说的那样：“一家企业应该承担起相应的社会责任，而星巴克一直致力于实现‘每人，每杯，每个社区’的理想。”

“融入并回馈社区”是星巴克一贯的宗旨，平日里，星巴克会用各种方式与门店所在的社区进行连接。比如每年4月份是星巴克的全球服务月，全球各地的星巴克店员会在门店所在的社区、学校、敬老院等地方开展慈善回馈活动。无论在门店还是在社区，每一个星巴克与人联结的瞬间都妙不可言，最后收获的是顾客与星巴克之间的友谊。

二、创造有灵魂的“第三空间”

位于广州中山三路的星巴克臻选门店，在一座已经有80岁高龄的独栋小洋楼里，楼高四层，外墙的满洲窗是广州老建筑独有的特色。星巴克的设计师在门店前院的外墙上用碎瓷砖拼了一个咖啡豆的形状，和洋楼的彩窗相映成趣。在后院，水池上方的平台上交错摆放着咖啡色的座椅，顾客手捧一杯咖啡，就能好好欣赏这美景。

星巴克中国地区副总裁李涛说：“只有伙伴发自内心地喜欢星巴克和咖啡文化，他们才会发自内心地欢迎客人。”

如何才能让员工发自内心地喜欢星巴克，把星巴克当成自己的家呢？这是李涛一直在思考的问题。李涛主要负责门店开发，他每到一个门店都会问店员们这样几个问题：

“这里的设计有没有让你们在日常操作中感到不方便的地方?”

“店里有没有什么设计是中看不中用的?”

问这些问题，不仅是为了升级店面环境，还是为了让每一个员工有归属感，让员工们发自内心地热爱工作、热爱星巴克。

当然，不断了解和分析顾客是星巴克团队一直在做的功课。当你踏入星巴克门店的第一秒起，“星际咖啡师”就会主动热情地跟你打招呼。正是这些员工们的热情和专业，让星巴克和顾客之间的感情联系越来越牢固。顾客通过一杯咖啡和身边的环境产生联系，这一杯咖啡给了顾客和星巴克彼此沟通的机会。这是星巴克文化最好的诠释，也是星巴克“第三空间”的精髓所在。

三、寻找“第三空间”中唤起情感的元素

在设计圈流传着这样一句话：消费场景中顾客的情感掌握在设计师手里。在零售行业，门店的每一处设计、每一处细节都是品牌和顾客之间的纽带，因此，设计师要非常精准地把握门店设计的分寸。

星巴克在中国的不少门店都结合了当地的特色。因为星巴克不仅仅在打造一个咖啡店，还要通过核心的设计创造一个空间的叙事手法。这种叙事，是站在消费者的角度，加上品牌的人文关怀和理念，满足消费者的需求。

对于实体门店来说，光有好看的设计是远远不够的。星巴克中国资深设计经理 Alice 说：“星巴克的设计师除了要创造‘第三空间’温暖的氛围，更要注重传达星巴克的咖啡文化。”

星巴克门店的设计核心就是“咖啡会说话”，具体分为诚心诚意、贴心巧思、乐观向上、赋予表现和魅力四射五个核心。这五个核心转化为给顾客的感受便是：温暖、舒适、好客以及包容。想在门店中融入当地文化和特色，就必须要掌握当地建筑的脉络和周边环境，运用当地有特色的材料和艺术品，通过无缝结合引起文化共鸣，再由文化共鸣引起情感共鸣。比如成都太古里星巴克店位于仿古建筑群落中，设计师用门窗分割内外，让顾客与周围的环境融为一体。同时还设计了不同的座位组合，满足了不同消费者的需要。店内浓郁的蜀地文化艺术元素与星巴克咖啡文化巧妙融合，互相辉映。

此外，星巴克一直秉持回归自然的原则，在环保理念顺应了市场的发展。除了店内大多数建筑材料基本上都是手工风格，值得一提的是，星巴克还给予自带随行杯的顾客环保折扣。

四、零售如何做好场景式体验营销

虽然星巴克的场景式体验营销深入人心，星巴克门店在产品品类的选择、产品摆放、购物环境等各个方面都值得零售业同行借鉴，但是，很多零售商表示，能搞得起场景式体验的零售，都是有钱任性的玩家。实际上，“小作坊”式的零售商想要在激烈竞争中站稳脚跟，必须借助场景式体验这个方法，对自己进行调整，就算不能像大家闺秀那样以气势取胜，但是小家碧玉的温婉动人也格外有吸引力。

想让小场景发挥出最大的价值，零售商需要在以下三个方面做出调整：

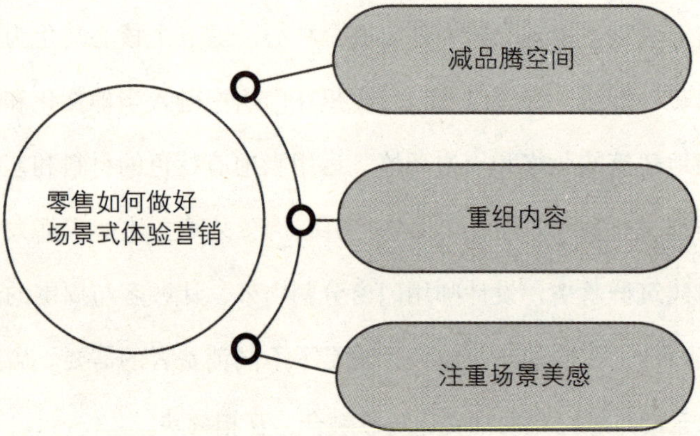

① 减品腾空间

企业经营的中心无非围绕着成本、效益和效率等几个方面。零售企业想要实现发展，必须把注意力转回到商品身上，但是这又离不开销售渠道和配套设施的支持。现如今，商品销售通道的变化日新月异，层出不穷的 APP 让消费者有很多渠道选项。

多渠道将成为接下来一段时间的主旋律，它把有相同兴趣爱好的人们聚集起来，组成各种社群，在价值变现方面发挥了巨大的作用。在新零售环境下，细分的小众群体在转化率和探索方面的贡献尤为突出。不同零售领域的目标客户群是不一样的，稳定那些主流客户，满足他们的需求和喜好，让他们为自己做口碑宣传，是新零售时代零售企业获取价值的关键。

在产品品类方面，做性价比较高和时尚潮流产品最佳的产品组合，不符合这种性价比需求场景和时尚潮流需求场景的产品品类应该尽可能地减少。

② 重组内容

对于零售企业来说，大场景的观察固然重要，但是也不能忽略那些顾客停留时间较短的小场景。针对这一点，企业要在内容上进行重组。在对内容进行重组时，要考虑以下几个问题：

围绕产品组合及强化产品展示效果创造更多的购买场景；

以增强用户想象力为核心丰富商品的使用场景；

在商品产业链上下游扩展更多的售卖场景，比如盒马鲜生就为在超市中选购商品的消费者提供了现场烹饪服务；

要增加场景的娱乐性和趣味性，比如，大润发卖场就设有玩具区、图书区、餐饮区、运动器材区等等。

在进行内容重组的过程中，还应该考虑各种各样的场景，比如朋友聚会、亲子活动、休闲娱乐等等，都需要企业创造更多场景，让顾客的消费体验更完美。

③ 注重场景美感

在这个“看脸”的时代，好看的事物才会吸引人们的视线，因此，场景式体验更加不能忽略美的价值。好看的场景令人眼前一亮，其背后带来的转化率不言而喻。比如，漫书吧、天虹 cool+ 及 brookstone 等线下门店通过丰富多彩的跨次元场景，让顾客的体验更新颖，一下就抓住了他们的心，顾客和品牌在情感上产生了强烈的共鸣。

应该说，星巴克所创立的独特的场景化体验，能够在消费者需求的中心由产品转向服务、再由服务转向体验的消费时代深入人心、广受喜爱，离不开星巴克对以上场景构成要素独到、深刻、人性化的理解和阐释。星巴克出售的不仅仅是咖啡，更是以为客户创造“第三空间”为主题而营造出的全新的场景化体验。这种场景化体验，赋予了星巴克独特的魅力，是推动其向新零售转型的关键所在。

未来的零售是智慧零售

在电商和实体零售打得热火朝天时，有一个人不为所动，甚至还逆流而上，他就是苏宁云商的董事长张近东。

早在2013年，传统实体经济就遭受到了业内一片不看好，但是张近东却呼吁广大零售人坚守住阵地，他相信互联网零售和物联网服务一定会给实体零售业带来新的春天。在2017年里，苏宁取得了傲人的成绩：营收突破1486.8亿元人民币，同比增长9.69%；其中线上业务的增长率达到60.14%，连锁店坪效同比提升19.49%。

对于零售的未来，张近东认为，未来零售的发展方向只有一条：智慧零售。

到底是什么是“智慧零售”？苏宁又是如何践行智慧零售的呢？

一、什么是智慧零售

对于“智慧零售”的概念，张近东认为，智慧零售就是通过互联网和物联网技术，察觉到消费者的消费习惯变化，预测未来的消费趋势，对产品研发和生产进行指导，为消费者提供多样化、个性化的产品和服务。

针对张近东理解的智慧零售的概念，我们可以总结出以下三个关于“智慧零售”的关键词：

① 场景化服务

所谓场景化服务就是利用差异化的场景提供多样化和个性化的产品与服务。在电商还没有席卷全国的时候，大部分交易的唯一发生地点就是在实体店，不管是大商场还是小门面。在未来，交易发生的地方可以是任何场所。

如果你去露营，但是露营地周围没有任何商店，晚上你肚子饿了，想吃点消夜。这时你掏出手机，在外卖平台上点好了你想吃的美食，然后外卖小哥给你送到你露营的地方。这个交易发生的场景不是在餐厅，也不是在街边饭馆，更不是在家里，就是真实的荒郊野外。

不管你在任何地方，当你有需要的时候，都满足你任何需求，并且以最快的速度送达。这就是智能零售场景化的理想境界，零售活动可以发生在任何时间、任何地方。只有你想不到，没有零售做不到。

② 智能化服务

零售企业想要达到场景化服务的理想境界，必须通过智能化服务的途径来实现。所谓智能化服务，就是利用新技术提升用户体验，满足消费者个性需求。

比如，企业需要通过数字化生产，把收集的用户信息贯穿在整个生产流程中；通过数据化采购，按照每个区域的预测和需求进行产品分配。

企业还需要对不同的销售渠道进行细分，比如连锁超市等各种分销渠道，企业可以把不同的商品传递给客户；通过不同手段的营销以及数据化、智能化的帮助，把更多更好的商品信息传递到客户手中。

同时，企业还能通过大数据的精准营销、画像等技术，知道消费者在哪里，消费者想要什么，怎么把消费者想要的送到他们眼前等等。所有这些服务，都离不开智慧零售智能化的支撑。

③ 人性化服务

人性化服务是“智慧零售”概念中最重要的一点。零售不管发生到什么阶段，都离不开以人为本这个中心。以人为本包括对消费者的年龄、性别、兴趣爱好、消费能力等信息进行分析，通过这些数据分析他们未来的购物需求，然后根据这些信息，充分围绕消费者来研发新产品，甚至还会有私人订制服务。因此，人性化一定是围绕消费者所处的场景，通过智能化的手段提供消费者想要的东西。

事实上，“智慧零售”总结起来，就是四个“任何”，即任何人、任何时间、任何地点、任何东西。在这四个条件下，消费者想要什么，零售都能满足，这就是我们说的“智慧零售”。

二、智慧零售的核心是数字零售

张近东认为，数字零售是智慧零售的核心，因为智慧零售的大部分工作都是通过大数据挖掘和分析做到的。正确的做法应该是：以大数据为基础，从 B2C 转向 C2B 反向定制，推动有效供给。

曾经，苏宁在零供关系中的地位非常被动，那段岁月让张近东历历在目。

2008年，华尔街金融危机席卷全球，张近东有一次去苏宁门店视察，他以为经济危机这么严重，门店的生意应该不会很理想，谁想到门店里人山人海，让他十分震惊。张近东通过调查得知，原来经过金融危机的肆虐，一些国际品牌错误预估了国际市场形势，原来中国才是潜力最大的市场。他们担心库存多造成亏损更加严重，于是采取了处理库存、压缩产能的做法。

经过这次“刺激”，张近东开始思考：在现有的产业链模式下，供应商一边倒的格局能不能被转变？

最后，张近东得出了一个答案：过去单纯依靠资源驱动带来的高增长率维系不了多久。苏宁必须要在商品和供应链上拿回主动权，否则，一旦危机波及自己，苏宁出现的问题可能会更严重。

那时，苏宁决定抛弃价格战、扩张战的做法，开始潜心研究顾客的需求，打算转变自己和供应商的关系，把以市场为主的经营策略改变为以消费者为主的经营策略。

有一个成功的案例是：2016年，苏宁云商联手海尔推出了一款Hello Kitty智能洗衣机，这款产品一经上市，迅速引爆市场，甚至出现一机难求的局面。

苏宁对自己的目标客户展开了一系列的跟踪调查，把目标放在年轻妈妈、少女心的年轻白领以及Hello Kitty的粉丝三类人群。当同行还在进行外观定制时，苏宁已经开始转向深入客户需求，满足客户特殊需求上了。这款洗衣机还加入了使用功能和洗涤程序定制的功能，消费者可以根据自己的需求，下载合适的洗涤程序，比如洗床单被罩、洗毛衣外套、洗袜子等等，洗衣机还能根据不同的洗衣重量匹配适量的洗衣液，然后开始洗衣程序。

张近东表示，目前，苏宁已经和上百家品牌商建立了数据牵引供应链机制，让大数据来指挥产品的生产，确保每一款产品都是精准供应。

三、打通线上线下，实现协同发展

自从电商发展起来后，业内都觉得电商会把实体零售彻底颠覆。然而如今线上非但没有彻底颠覆线下，反而自己也在向线下发展。在电商行业，不管是京东还是阿里，都开始在线下发起一系列动作。目前，电商利润已经进入平台期，加上消费者收入增加，消费者的消费习惯也发生了改变，从刚开始一味追求低价，变成现在做更注重性价比和体验的消费方式，而这一点，恰恰是做实体的长处，做电商的短处。

针对这个问题，埃森哲（全球最大的管理咨询、信息技术和业务流程外包的跨国企业）在《Fjord 趋势 2018》中预测，2018 年将是实体零售复兴的一年，单一的数字化体验已经不能满足消费的需求了，新一代的消费者更是“实体复兴”的一大主力。埃森哲通过一份市场报告表示，“95 后”更喜欢门店购物，这个比例比移动端的购物比例还要高，但是他们也希望在实体店中加入数字化体验。总而言之，我们还是需要走出门，去街上逛逛。

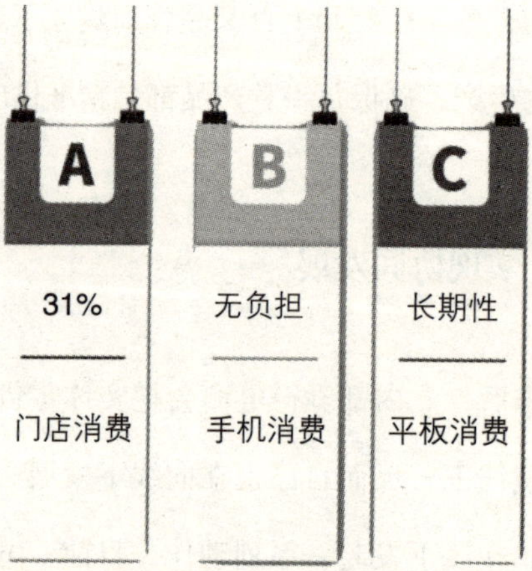

埃森哲关于中国95后消费群体的研究

作为连锁起家的苏宁，拥有线下的优势不言而喻。智慧零售就是要打通线上线下，实现共同发展，让消费者既喜欢网购，也看中实体店的体验。

在苏宁云商，不管是买家电产品还是3C产品，你可以根据自己的需要定制“苏宁V购”，或者让导购机器人“旺宝”为你提供服务。假如你只是来逛逛，没有消费的打算，你依然可以在苏宁优趣里体验各种VR设备，感受时下最前沿、最时尚的科技，还可以在苏宁Biu店“刷个脸”，感受一下零导购、完全自助购物是什么感觉。如果你逛累了想放松一下，可以在游戏体验区里放纵玩耍。如果你是和孩子一起购物，则可以把宝宝带到苏宁红孩子乐园，和孩子享受一下亲子时光。

苏宁正在把单调的、无聊的电器商场，变成场景化的、有趣的娱乐空间，在给你带来愉悦享受的同时，也让你感受到新零售的美好。

四、物流同样是重中之重

在张近东“智慧零售”的概念里，物流同样也很重要。张近东明白，如果物流跟不上，物联网就不可能实现。早年间，当竞争对手把物流板块全部外包的时候，苏宁并没有跟风，而是埋头研究物流。

2017年“双11”之前，苏宁就开放了自己的第五代智慧物流仓库给媒体参观，当苏宁全新的物流帝国展现在大家面前时，以往唱衰苏宁的人已经后悔了。

苏宁云仓是亚洲最大的智慧物流基地，每天能处理180多万件包裹，订单在30分钟之内就能出库。每人每小时能处理1200多件包裹，是同类仓库的10倍以上。无数个黄色的周转箱在传送带上有规矩地移动着，周转箱就像长了眼睛一样，相互之间绝对不会出现“交通事故”。工作人员要做的就是按照灯光的提醒取货。仓储配套的旋转库系统能够提前规划出把包裹送到对应工作站的最短路线，接下来的存储、盘点、补货等动作都是自动完成的。因此，当其他企业都在为顾客抱怨物流慢而头疼时，苏宁早就有底气在双实体退出“迟到就赔”的服务。

实际上，苏宁为了下好物流这盘棋，已经准备了整整18年。早在1999年，电商小荷才露尖尖角，张近东就到中关村进行了一番考察，但是他最后还是选择了做连锁企业，而不是电商。当时面临的问题有很多，首先，电脑并没有普及，其次，全国范围内没有什么可靠的配送商家。在那时，张近东就下定决心要建立起一套完整的物流网络。

同时，随着苏宁的物流体系越来越完善，苏宁电商和线下门店的配合也越来越完美。在 2017 年“双 11”期间，苏宁电商的第一单客户，在下单后的 17 分钟就送到了。苏宁的快递员在业内有一个非常响亮的美称，叫作“火箭哥”，为什么他们如此之快？因为物流网建成后，线下门店不再只担当销售的角色，而是一人分饰多角，既是仓库又是快递点。用户下单后，系统会根据订单地址进行智能配送，保证在距离地址最近的门店仓库提货，让商品和消费的距离永远是最近的。

在新零售时代，不管是在线上还是在线下，把商品安全、快捷地送到顾客手里，都是企业的重中之重。而对于参与新零售的企业来说，物流能力就是基础。

附录

对话：新零售的未来

叶国富 、王永平、童民强、危建平、乔·韦曼、姚吉庆

面对新环境、新挑战，新零售的发展成为一种共识并迅速被推上行业风口。新零售到底如何定义？至今没有一个标准答案，也没有形成共识。既然没有形成共识，就意味着我们可以不断地对新零售的概念进行讨论和革新。

一、围绕着消费者需要搭建架构、做好服务、开创渠道

童民强是杭州大厦和解百集团的董事长。确切地讲，杭州大厦起身于百货公司，百货公司就是一个最大的零售主体。在这个过程当中，曾经的杭州大厦做到了全国平销第一，是最好的零售。如今，杭州大厦开始做医疗主题 MALL，进行不同的商业创新。

在童民强的眼中，零售的新旧划分，没有明确的概念。零售就是零售，为了区分起见，可以叫新，也可以叫旧。他认为零售的本质应该由原来的商品和服务，加上技术（智能化）。

他表示："杭州大厦一直属于实体零售，我在杭州大厦工作了30年，一路走下来，我认为如果精心耕作自己的这片土地，它是可以永远持续下去的。作为零售来讲，杭州大厦现在的目标就是按照习近平总书记讲的，追求美好生活的需求和发展的平衡关系。通俗地说，就是要围绕着消费者的需要，以消费者为中心来搭建架构、做好服务、开创渠道，这才是零售真正的本质。

"在零售本质的基础上，我认为零售商品是基础，服务是每一家零售企业最大的特点。你抓住了它，就抓住了你的客人。杭州大厦之所以做医疗主题MALL，是因为未来人们会以品质生活为第一需求。过去经营的是商品，未来做零售需要经营客群。如何能够连接好这些客群？不光是以卖东西为主，更重要的是要去教会客人生活方式，引导和做好客人全程的服务。"

在这样的思路之下，杭州大厦从单一的零售业态开始思考如何能够更好连接客人，增加黏性。从2016开始，杭州大厦开始筹备医疗主题MALL，实际上也介入了体育行业。杭州大厦做了第一家中国式的医疗主题MALL，因此受到了政府各方面的关注。作为共享医疗的第一个落地商场，杭州大厦的经营者希望客户在购买东西时也能管理到自己的健康，这样商品也可以有很大的渠道进行重叠。人们需要身体健康，需要锻炼，需要有一定的营养和食补的东西，这一切和零售又是紧密地联系在一起。最终就可以打造零售商业服务生态圈，形成闭环。对此，医疗主题MALL将会在全国范围内进行拓展。

医疗主题 MALL 好比一个购物中心，相比餐饮来说，可能不及做商品平台的平销。作为一个医疗中心来说，同样会存在着这样的问题。新零售企业应该看到，当某一个主题牢牢抓住消费者时，或许这一点不能够很好地赚钱，但其他的地方能够赚到更多的钱。这实际上是相互连贯，相互促进的。同时，也是引流和集客的营销渠道之一，属于共享客群。

二、新零售体验业态的创新

说到国内的新零售创新就不能忽略大悦城。或者，提到大悦城，就会不由自主地联想到新零售创新。确实如此，大悦城在体验业态方面做了许多的创新，那么，大悦城在新零售板块里对创新做了哪些新的调整和布局呢？

对于这一问题，上海大悦城的总经理危建平先生做了以下回答。

① 先要聚焦商业本质，做好协同性

新零售没有新旧之分。零售人一直在创新，一直在自我革新。新零售之所以成为当下的热词，更多地反映了零售人的一种心理焦虑。这种焦虑来源于整体零售经济的下滑，或者说交易的下行。但其实在焦虑过程当中，能否走出来还得靠自己对传统零售的了解，对提供的产品和服务的了解。

2013 年，大悦城开始把商业聚焦在体验上，全面往产业体验方面转型，这在同行内算是走得比较早的。现在大家都在提新零售，大悦城在三年前已经全面实现数据化，用很多移动互联网的技术来改善服务和交易的过程。这些在今

天来看都是属于马云所说的新零售结合，依托互联网、大数据、人工智能，以及移动技术来解决生产、销售、流通整个环节。

在具体的新零售当中，大悦城认同“先要聚焦商业本质”这一观点，这也是大悦城企业内部不断要求团队做的。要想做好新零售，首先要回归商业本质，把消费者、购物中心的空间和租户三者之间的协同性做到最好，而不是某一方面特别强，这个协同才是最关键的。

② 不断塑造商业场景，提升顾客的时间消费

为了做好新零售创新，大悦城一直在不断地塑造商业场景。试想一下，10年前淘宝、天猫的消费场景过程完全是产品的需要来刺激着人购买。现在大家看到在购物中心的购买过程，已经不是产品需要。只有餐饮是刚需，其他零售的购买过程是在没有直接需求的情况下，在场景的引导下产生的购买。这是当下零售和以往最大的区别，场景更多的就要依托于构筑的体验性，要构筑引领消费者生活需要的商业场景。

大悦城一直在做链接智慧体系，利用移动互联网技术来改善服务，判断决策，以及优化过程。这三点构成了大悦城在今天面对新零售这个概念时一点也不焦虑，而且相对来说走得比较稳。

在拥抱新零售的过程中，大悦城对于所谓构筑商业场景是有一定体会的。原来的零售是产品刺激购买，因为产品丰富有趣，性价比高而购买。如今顾客购买的理由不再是产品本身，而是始于环境当中，这个环境可以理解为商业场景。场景和消费者最大的特征在于：原来顾客去百货或超市，是因为需要它而去。但如今去购物中心，是因为顾客要消费时间，这是线下消费者最大的消费改变。不管是企业老板，还是白领，线上的整体时间占用得越来越多，线下的时间相对减少了，所以顾客更看中线下的时间价值。

中国现在的旅游经济发展很快，大家都有钱了，可以去别人待腻的地方待一段时间，去购物中心也是这个道理。在购物中心，你可以让周末的三五个小时过得非常精彩。在购物中心里，不仅有商品，还有许多有趣的文化活动内容，可以让顾客的购物满意度更高，这些属于通过一个场景提升顾客的时间消费。

大悦城把购物城分成林林总总很多小主题的空间，构成单个时间消费清单。顾客每次去大悦城可能有五六个消费清单加在一起，这就构筑了三个小时以上的时间，会过得很快、很丰富。现在的小体量购物中心很难经营，在一条商业街当中，单体是非常痛苦的。你会看到传统商业街里都是连着好几个，你才会愿意去，因为那里可以花掉你三个小时，甚至更长的时间，这就是时间消费。

③ 迎合消费者的情感诉求

当然，时间消费再进一个层次，就是马斯洛需求理论，不再是产品本身，而是情感诉求，或者说精神表达方面更高的需求，这也是上海大悦城做摩天轮的原因所在。大悦城要构筑一个让大家在谈恋爱的过程中不断演进情感增进的过程，而且会在这里产生更好的消费。大悦城不是一个单纯的购物中心，而是让你快乐的地方，这是大悦城的理论。

以上三点便是大悦城在新零售板块里做的创新布局。

三、为什么购物中心的餐饮这么火

如今提到新零售，很多人是反对的。对于大多数零售企业来讲，不管是大悦城，还是杭州百货，零售的套路、方式和过去完全不一样。过去是以渠道为中心，如今是以产品为中心。如今，我们看到80%~90%的购物中心里，很多人只是进去逛逛，不买东西。为什么不买东西？大家是否思考过这个问题？

这是因为线下店变成体验了，而且如今在购物中心里，吃饭和看电影是刚需。为什么购物中心的餐饮这么火？

对于这一问题，危建平、王永平、叶国富、姚吉庆都发表了自己观点。

① 危建平：在于人们的生活品质需求发生了变化

餐饮红火的原因在于人们的生活品质需求发生了变化。在外面吃饭至少可以达到三个目的：一是能够有更多新鲜的产品；二是吃饭是很重要的社交；三是和家人一起在外面吃饭，家庭幸福感指数会变得很高。很多人愿意在公共空间或者购物中心消费时间，包括餐饮也是如此。

② 王永平：有更多的选择和更好的服务、价格

人们之所以喜欢去购物中心吃饭还有两个原因：一是选择的余地大，它集群了，商场有商圈，餐饮过去没有商圈，所以有更多的选择；二是因为集群在一起，通过竞争能够有更好的服务和更好的价格。购物中心为了匹配，往往对引进餐饮卖场的环境、场景要求比较高，所以它会很舒适。

③ 叶国富：性价比高

购物中心里餐饮火红的核心问题在于：在购物中心里，所有单价最低的是餐饮。很多顾客逛了一圈购物中心，什么也买不起，但购物中心的餐饮是普通大众能消费得起的。比如，外婆家的麻婆豆腐才 3 元钱，汤才 15 元钱，一个人一顿饭下来也就 50 多元钱。

所以，购物中心的餐饮火爆的核心原因还是性价比高。如果购物中心的服装店 90 元钱能买一件衬衣，70 元钱买一双鞋子，能做到和线上同价的话，购物中心自然什么都能卖掉。如果购物中心的零售品牌价格都很高的话，依然是卖不掉的。餐饮是刚需，难道服装不是刚需吗？相信大家都没有见过裸体逛商场的人吧！所以穿衣、吃饭都是刚需。

④ 姚吉庆：不同的人有不同的满意程度，要区别对待

对于新零售，大家都走入了误区。什么是新零售？其实就是一个字：爽！所谓爽，就是想花多少钱来高兴一下，就花多少钱。爽的本质是超出客户期待的满意。不同的人有不同的满意程度，高端人群、中产阶层和“D 丝”是不同的群体，不能放在一起谈论，这就是最大的误区了。对于叶国富的理论，我是很佩服的，比如设计师把品质做得很好。但其中有一点我是不太赞成，这一点就是：一直走高性价比。

我曾经去过名创优品的店铺里，看到大多数的产品都是 10 块钱，性价比确实很高，质量也比网上的要好。但随着中国制造成本、地价、人工的不断提升，在失去人口红利、制造红利、成本优势的情况下，还是要高质量，高价格的。

四、从盒马鲜生来看新零售的创新

很多人在批评阿里做的东西不够创新，甚至马云不应该拥有讨论新零售的话语权。事实上，阿里一直在努力尝试各种关于新零售的创新和探索。比如，盒马鲜生就是在这样的情况下创新出来的产品。那么，到底有没有创新的新零售呢？

对于这一问题，童民强、危建平做出了以下回答和讨论。

① 童民强：盒马鲜生的模式是零售 + 技术

我早在两年前就和马云讨论过这个问题，当时的他的看法是：线上线下必须要融合，线上一定会向线下落地。我认为，盒马鲜生的模式其实是：零售 + 技术。

对于什么是新零售，我认为，零售就是零售，只是零售的方式、手段、路径会发生变化。现在我们的零售无非就是应用了数字化的手段，让如今的零售和原来的零售有了很大的不同。原来一切以商品为出发点，现在是一切以人为出发点，这是一个最大的区别。但零售实体也好，线上零售也好，都在朝着这个目标转化。而实体零售如果充分应用了新技术，那它也一定会升级成功。不同的客人有不同的需求，线上也好、线下也好，新零售也好，旧零售也好，最要紧的是把自己活得更好，它才能成为最好的零售。

我曾经去过盒马鲜生的店铺好几次，发现盒马鲜生确实有它的独到之处。它最大的独到之处在于它对消费者的精准分析，加上后场大数据的结合。

虽然如今有很多人在质疑盒马鲜生的大数据，盒马鲜生的后台显示客群呈年轻化。但实际，盒马鲜生的店铺里有很多老爷爷老太太在购买商品。我认为，这是种新的尝试，也是在不断迭代提升当中很厉害的一种尝试。对于这样的尝试，我们要重视、观察、研究。

② 危建平：传统零售和线上融合的关键在于用高成本获得优质客群

盒马鲜生曾经有意向入驻大悦城，但大悦城没有选择。我认为，盒马鲜生的确是非常优秀的生鲜超市，但它对传统商业的冲击是非常致命的。很多购物中心或者商业中心选择了盒马鲜生，会让购物中心其他店铺业绩下滑得厉害。

未来，盒马鲜生会不断地改变地缘性消费者的生活消费习惯。年轻人要求越来越便利，与其买一条活鱼回家处理，他们更愿意通过盒马鲜生买一条做好的鱼送到家里来，这是年轻消费者的习惯。不断养成习惯之后，很多人就不去购物中心了。这是对购物中心消费习惯的改变，购物中心一半左右是地缘性客户，还有一半左右是靠外延性吸引来的。

既然盒马鲜生不靠地缘性消费者为主，为什么要花这么高的价钱租三四百平方米的体验店呢？这其实是盒马鲜生的策略。租这么大的地方，一半是仓库，仓库离门店近，仓储的效率就提高了，这是优于传统的。另外，这也是线上和线下最大的区别。为什么网上那么多服装店卖好几十亿，可利润却是负的？因为线上的流量成本太高。马云为什么要做新零售？因为线上有效的流量已经枯竭了。

而线下交易场景的转化率却非常高。比如，大悦城的成交笔数为60%，这意味着 100 人里会有 60 人在大悦城消费，这样的转化率是互联网不可企及的。线下优质的流量是传统商业地产最具有价值的，盒马鲜生进入实体零售获取了基础的消费习惯，这些消费者将来的确对盒马鲜生没有价值，他们不需要到购物中心，在购物中心对面就可以了。但现在一定要用高成本获得优质客群，这就是传统零售和线上融合的关键所在。

融合非常重要。小米在上海大悦城开第一家旗舰店，单月销售额就达到 2000 多万。这是因为购物中心里的客流非常优质，而网上没有那么多优质的客群。现在服装卖得好的茵曼也要到大悦城开店，为什么线上的零售做得这么好要转战到线下？这是因为线上流量的价值远远比线下高很多。

五、新零售的未来

既然如今没有形成新零售真正的模式和概念，那么在未来的两三年内，零售业会发生什么样的变化呢？

对于这一问题，叶国富、姚吉庆、乔·韦曼、童民强、危建平做出了以下回答。

① 叶国富：线下会崛起

未来的新零售，线下会崛起，大多数零售会通过新的方式获得流量。比如，名创优品开发更吸引顾客的产品吸引线下消费。线上到线下开店的模式都叫新零售。

② 姚吉庆：个性化定制实现 C2M 是未来新零售最大的变革

未来的新零售中产阶层会越来越多，迎着这个潮流，个性化、定制化一定是未来的趋势。而要实现个性化、定制化，一定是 C2M（顾客对工厂）。所以，用个性化定制实现 C2M 是未来新零售最大的变革。

③ 乔·韦曼：在未来新零售的商业里，统计这门学科可能会起到更重要的作用

在家看到的企业在成本里数字科技所占的比重，实际上是指数性下降的。房租费和劳工费用在逐渐提高，在未来新零售的商业里，统计这门学科可能会起到更重要的作用，能提高传统零售行业的效率。

我无法对中国市场的渗透率和采用率进行预测，但美国未来两三年的新零售的近况我可以简单预测一下。

在美国，从人口统计学的角度来看，很多人在线上购物。尤其是因为新零售带来时间上的节省和效率上的提高。未来的两三年里，美国的传统销售行业里，要么是能提供一些有趣的在线购物体验的零售店，要么是那些能提供完全具有区隔化、差异化、金融化的线下购物体验商店，或者是两者结合的商店，它们会成为新零售大潮中的幸存者和胜利者。

名创优品的产品是高质量、低价格，而且设计得很漂亮，消费者会购买这样的产品。但是对于这种提高性价比的产品商店来说，可能会错失一个长尾的销售契机。有些产品可能不是前 100 名，甚至不是前 1000 名的销量，但它能提供一些独特的用户体验，可能有很高的利润。从美国的经验来说，如果大的在线

商店可以给它的供应商和产品制造商提供一个生态系统的话，这种商店的生存概率和成功概率会比较高。

美国曾经和中国一样，有很强大的进口能力，或者把国外产品带到国内来。中国人和美国人都有这个习惯，买一些苏格兰的威士忌、法国的酒、英国的产品。一些小众的奢侈品品牌在美国也有很大的市场。所以，不管是阿里巴巴还是其他的零售企业，只要能提供独特的市场竞争价值，很难想象为什么美国不张开双臂拥抱你。

④ 童民强：供应链的改变才能真正使得零售有质的变化

如今大数据和智能化技术的进入，对零售来说最大的改变是供应链的改变。供应链的改变才能真正使得零售有质的变化。

⑤ 危建平：学会利用新技术来洞察消费者

要拥抱新零售，实现转型，传统零售更多的要主动学会利用新技术来洞察消费者，真正抓住消费升级，并且用新技术来改善传统的管理和低效的经营模式，使自己真正在新零售之战当中获得更好的主动市场，因为传统零售商拥有更好的线下流量资源。

传统零售业的商业形态在互联网的冲击下已经变得支离破碎，新的商业形态正在逐步形成，变革与升级成了行业的主旋律。

新征程，再出发，传统零售业在变革与升级中破茧成蝶，拥抱新零售成为零售业的常态。为了零售业更美好的未来，再赌 20 年又何妨？

图书在版编目(CIP)数据

新零售，谁将被革命？/ 吴晓波频道编著 . — 北京：中国友谊出版公司，2018.8

ISBN 978-7-5057-4439-4

Ⅰ. ①新… Ⅱ. ①吴… Ⅲ. ①零售业 – 商业模式 – 研究 Ⅳ. ①F713.32

中国版本图书馆 CIP 数据核字（2018）第 161530 号

书名 新零售，谁将被革命？

作者 吴晓波频道

出版 中国友谊出版公司

策划 杭州蓝狮子文化创意股份有限公司

发行 杭州飞阅图书有限公司

经销 新华书店

印刷 杭州钱江彩色印务有限公司

规格 710×1000 毫米 16 开

14 印张 150 千字

版次 2018 年 8 月第 1 版

印次 2018 年 8 月第 1 次印刷

书号 ISBN 978-7-5057-4439-4

定价 48.00 元

地址 北京市朝阳区西坝河南里 17 号楼

邮编 100028

电话（010）64668676